Anne Lombardo

111 Lieux à Nice à ne pas manquer

111

W0336835

emons:

À ma fille Louise, l'amour de ma vie
À ma mère, mon pilier, et à ma sœur
À mon père.

« Nice, c'est une oasis au bord de la mer, avec des forêts de mimosas et des palmiers et il y a des princes russes et anglais qui se battent avec des fleurs. Il y a des clowns qui dansent dans les rues et des confettis qui tombent du ciel et n'oublient personne. Un jour, j'irai à Nice, moi aussi, quand je serai jeune. »
Romain Gary, *La Vie devant soi*

MIXTE
Papier issu de sources responsables
FSC® C043106
FSC www.fsc.org

Crédits couverture : istock/Delpixart
Conception couverture : Karolin Meinert
Crédits photographiques : © Anne Lombardo sauf
chap. 65 Mosaïque Le Message d'Ulysse © VG Bild-Kunst, Bonn 2023 ;
chap. 67 Le mur d'expression libre © HKA;
chap 68. Mur de Feu © The Estate of Yves Klein VG Bild-Kunst ;
chap. 71 Les touristes © VG Bild-Kunst, Bonn 2023;
chap. 99 Pepin, la déesse et la mer © VG Bild-Kunst, Bonn 2023;
chap. 102 Théâtre National de Nice © Léa Saboun
Mise en page : Eva Kraskes, d'après un concept
de Lübbeke | Naumann | Thoben
Cartographie : altancicek.design, www.altancicek.de
d'après OpenStreetMap
Impression et façonnage : Grafisches Centrum Cuno, Calbe

Achevé d'imprimer en 2024
Dépôt légal : avril 2024
ISBN : 978-3-7408-1883-8

Avant-propos

Nice ne se résume pas à sa promenade des Anglais, à sa place Masséna ni à sa vieille ville. Elle est bien plus complexe. Comme une pierre précieuse aux multiples facettes, il faut prendre le temps de l'observer et de la (re)découvrir. C'est ce que je me suis efforcée de faire tout au long de la rédaction de ce guide. J'ai pris le temps de pousser des portes, de lever les yeux, de chercher, de lire, de regarder, d'écouter, de ressentir et de m'émouvoir. À chaque visite, à chaque rencontre, je revenais émerveillée et je me demandais : « Si je ne devais garder qu'un seul lieu sur les 111, lequel serait-ce ? » Évidemment, impossible de choisir !

La crypte sous la place Jacques-Toja, l'église Sainte-Rita, la cité des Aveugles, l'observatoire astronomique, l'opéra, l'abbaye de Saint-Pons, le cimetière du Château, la fontaine des Tritons, l'ancien hôtel Régina, le restaurant Chez Pipo… Tous ces lieux incarnent l'âme de Nice. Après tout, la ville a autant de facettes que le carnaval a de confettis !

Avec ces 111 lieux à ne pas manquer, je vous invite à vous réapproprier la ville à travers son patrimoine, ses musées, ses boutiques, son architecture, sa culture et son art. Sans chercher à réécrire l'histoire bien connue de la cité, j'ai tenté de dénicher les anecdotes insolites et originales qui se cachent derrière quelques vieilles pierres, dans l'enceinte d'un bâtiment, au détour d'une rue ou dans un restaurant. J'ai essayé de proposer un condensé de ce que j'aime et de ce qui me représente. J'espère qu'à travers ces 111 lieux, vous aimerez parcourir Nice avec un œil nouveau, autant que j'ai aimé écrire cet ouvrage.

111 Lieux

de 1930 à 1933, vécut
Romain Gary

1 L'abbaye de Saint-Pons

Cachée dans un hôpital

Il n'est pas commun d'aller visiter un monument classé dans l'enceinte d'un centre hospitalier. C'est pourtant le cas de l'abbaye de Saint-Pons : si vous voulez visiter ce joyau de l'art baroque, l'un des plus anciens monuments du patrimoine niçois, il faut vous rendre à l'hôpital Pasteur. Fondée à la fin du VIIIe siècle à l'emplacement de la sépulture de saint Pons, l'église abbatiale Saint-Pons aurait vu le jour grâce à Charlemagne, qui aurait demandé à son neveu, l'évêque Syagrius, d'honorer le martyr par la construction d'un tombeau. L'empereur serait même venu plusieurs fois sur place ; aujourd'hui, des fragments d'un tombeau carolingien se trouvent toujours dans la première chapelle ouest de l'église, la chapelle Sainte-Thérèse.

Dès sa création, l'abbaye fut confiée aux moines bénédictins, qui en ont fait un foyer de développement spirituel, intellectuel et économique. Au XIIe siècle, l'ensemble religieux représentait la première fortune de Nice et possédait plus de la moitié de la ville. Fait historique important : en 1388, l'acte de Dédition à la Savoie fut signé sur le parvis de l'église en présence du comte Amédée VII. Après cette période, le centre religieux connut une période de déclin, bien qu'il fût rebâti en 1724.

Avec le rattachement du comté de Nice à la France en 1860, la propriété de l'abbaye de Saint-Pons fut transférée à l'État français, puis à la Ville de Nice. En 1910 débuta la construction de l'hôpital Pasteur, inauguré en 1937. Classée monument historique en 1913, l'abbaye fut longtemps fermée au public, jusqu'à sa restauration en 2019. Aujourd'hui, il ne subsiste qu'un seul des deux clochers initiaux, mais le bâtiment possède une terrasse imposante avec des arcs successifs qui permettent la communication entre les bâtisses. L'intérieur est plus sobre, quoique son plan elliptique est remarquable. Quant aux chapelles latérales, elles sont ornées de colonnes torses. On y accède par le grand escalier situé derrière Le Galet, l'amphithéâtre en forme de galet de l'hôpital Pasteur 2.

Adresse Hôpital Pasteur, 30 voie Romaine, 06000 Nice | **Transports en commun** Tram 1, arrêt Hôpital-Pasteur | **Horaires d'ouverture** Du lundi au vendredi de 14 h 30 à 16 h 30. Le mardi, messe à 15 h | **À savoir** Saint Pons était un noble romain converti au christianisme. Condamné pour hérésie, il aurait résisté au supplice du chevalet et au bûcher avant d'être finalement décapité. La légende veut que sa tête ait roulé dans le Paillon jusqu'à atteindre Marseille, où des moines de l'abbaye Saint-Victor l'auraient récupérée. Pendant un millénaire, les deux abbayes se disputèrent ses reliques, qui sont aujourd'hui conservées dans l'abbaye niçoise et présentées le jour de la fête du saint, le 14 mai.

2 Aenigm'Attic

L'étrange cabinet de curiosités de madame Koenig

Situé entre le port et la place Garibaldi, le quartier des antiquaires recèle bien des trésors. Parmi eux, la boutique Aenigm'Attic – qui fait à la fois office de magasin d'antiquités et de cabinet de curiosités – a ouvert ses portes en 2017 grâce à Muriel Koenig, antiquaire professionnelle et collectionneuse avertie.

Fille d'un antiquaire niçois, celle que l'on surnomme dans le quartier « la dame en noir » à cause de son look glamour gothique a toujours été fascinée par la mort. Mais elle n'en est pas devenue misanthrope pour autant ! À l'âge de 7 ans, elle écrivait déjà des poèmes d'amour… quoiqu'un peu morbides. Plus tard, elle se découvrit une passion pour les objets anciens liés à l'anatomie humaine et au domaine funéraire. Quelques années après la naissance de sa fille, Muriel, graphiste de formation, a souhaité passer plus de temps avec elle. Elle a alors décidé de suivre les traces de son père et de devenir antiquaire à son tour. Quand l'opportunité d'ouvrir son propre magasin s'est présentée, elle n'a pas hésité. C'était enfin l'occasion d'exprimer sa créativité et ses passions dans un cocon à son image.

Quand on franchit l'entrée d'Aenigm'Attic, on pénètre au cœur d'un univers à mi-chemin entre la science et le fantastique, dans une ambiance fascinante et mystique. Dans ce cabinet de curiosités où tout est scénarisé, plusieurs univers sont représentés : le Funéraire, l'Erotica, le Religiosa, l'Anatomie, le Naturalia et le Scientifica. Partout où l'on pose les yeux, on déniche des pièces étranges et merveilleuses à la fois. Les curiosités, comme des prothèses oculaires, flirtent avec les *Memento mori* ; les photos post-mortem et médicalisées côtoient les objets didactiques médicaux, comme un écorché anatomique du docteur Louis Auzoux ou des peintures des XVIIIe et XIXe siècles. Que son style plaise ou non, l'univers imaginé par Muriel à partir de ses trouvailles ne laisse pas indifférent. Et loin d'être sombre, il est une véritable ode à la vie !

Adresse 3 rue Antoine-Gautier, 06300 Nice | Transports en commun Tram 2, arrêt Port-Lympia | Horaires d'ouverture Du lundi au mercredi de 14 h à 18 h et le jeudi et le vendredi de 10 h 30 à 12 h et de 14 h à 18 h | À savoir En plus du quartier des antiquaires, qui est l'un des plus importants de France, Nice compte de nombreux marchés à la brocante et aux puces. Un des plus emblématiques est celui du cours Saleya, qui a lieu tous les lundis dès 7 h du matin.

3 L'ancienne villa Mercedes

L'influenceur automobile avant l'heure

Savez-vous que la célèbre marque automobile Mercedes a vu le jour à Nice à la fin du XIXe siècle grâce à un certain Emil Jellinek ? Né en 1853 dans une famille aisée de Moravie, ce dernier commença sa carrière comme employé de chemin de fer, puis du consulat austro-hongrois de Tanger. Il travailla ensuite dans les colonies françaises d'Afrique du Nord, où il fit fortune. Il épousa une Française d'origine espagnole et fit construire une première maison à Baden, près de Vienne. Il baptisa cette première maison Mercedes et y passa ses étés. Durant les hivers, il se rendait à Nice, où il occupait le poste de consul d'Autriche-Hongrie. À cette occasion, il fit l'acquisition d'une villa sur la promenade des Anglais, qui devint à son tour la villa Mercedes. Ainsi nomma-t-il également son yacht… et même sa première fille : Mercedes Adrienne Ramona Manuela.

Fou de sport mécanique, Emil Jellinek participait à des courses automobiles sous le pseudonyme de – devinez quoi ! – Mercedes. Convaincu de la supériorité du moteur Daimler, il acheta sa première voiture en 1897 et ne cessa de harceler l'usine pour recevoir d'autres véhicules modifiés et continuer à gagner. Il réussit finalement à persuader Daimler de lui construire ses propres automobiles, à ses frais.

En janvier 1901, il reçut le premier exemplaire de sa Mercedes HP35. Avec son volant incliné, son capot long et son châssis surbaissé, elle influença la ligne des véhicules produits cette année-là. Plus courte, plus légère, plus puissante, elle innovait ! En 1902, la marque Mercedes fut déposée. Sur les listes de commandes d'Emil Jellinek figuraient les familles Vanderbilt, Astor, Gould, Dinsmore et bien d'autres fortunes. Malheureusement, au début de la Première Guerre mondiale, Emil Jellinek quitta précipitamment la France, soupçonné d'espionnage pour l'Allemagne. Il s'installa à Genève et mourut le 21 janvier 1918 à l'âge de 65 ans, laissant derrière lui une marque de prestige dont l'épopée ne faisait que commencer. Sa villa fut démolie en 1950 pour laisser place au palais Mercedes.

Adresse 54 promenade des Anglais, 06000 Nice | Transports en commun Tram 2, arrêt Centre-Universitaire-Méditerranéen | À savoir En espagnol, Mercedes est l'un des titres donnés à la Vierge Marie, *Maria de las Mercedes*, que l'on peut traduire par « Marie des Grâces ». Mercedes provient du latin *merces* qui signifie « récompense ».

4 L'Artistique

Le premier musée de Nice

Si L'Artistique est aujourd'hui le centre d'arts et de culture de Nice, cela n'a pas toujours été le cas… enfin pas tout à fait. À l'origine, L'Artistique était le nom d'un cercle de sociabilité dédié à l'art, fondé en 1895. C'est en 1910, après s'être installé dans divers endroits de la ville, que le groupe prit ses quartiers définitifs dans la villa Seignette, située au 27 boulevard Dubouchage. Le cercle – qui compta jusqu'à 600 membres – y installa une salle de billard, deux salons de bridge, un fumoir, une bibliothèque, un secrétariat ainsi qu'une salle à manger. Les lieux abritaient également de nombreux objets d'art et des peintures, notamment des aquarelles, ainsi qu'un nombre incroyable de fleurs.

Peu de temps après leur emménagement, les membres firent construire une salle des fêtes reliée à la salle à manger par une galerie de 17 mètres de long sur 10 mètres de large. Le soir de l'inauguration, en janvier 1911, de nombreuses célébrités étaient présentes, dont le pianiste Gabriel Fauré, le préfet André de Joly, le président de la Société des beaux-arts Maurice Masse, le journaliste Dominique Durandy ou encore le rédacteur de *L'Éclaireur* Léon Garibaldi. Ce soir-là, les hôtes assistèrent à un magnifique concert des chanteurs de l'opéra de Nice ainsi qu'à une représentation de la plus grande danseuse espagnole du siècle, Argentina.

Ainsi débuta la période faste de L'Artistique : il devint le lieu le plus couru de Nice, où étaient donnés des spectacles prestigieux ou des expositions uniques, dont la toute première exposition de photographie en province. À cette époque, la ville de Nice ne possédait encore aucun musée ; L'Artistique remplit avec succès ce rôle de lieu de culture. Il fallut attendre 1920 pour que Nice se dote d'un musée propre, celui de la villa Masséna. Jusqu'en 1939, le cercle de L'Artistique multiplia les manifestations culturelles et artistiques. Mais le début de la Seconde Guerre mondiale entraîna son déclin. Il ferma ses portes en 1994, après 99 ans d'existence.

Adresse 27 boulevard Dubouchage, 06000 Nice | Transports en commun Tram 2, arrêt Durandy | Horaires d'ouverture Du mardi au samedi de 10 h à 18 h. Fermé en août | À savoir Le bâtiment actuel a failli être démoli en 1949, mais a finalement été surélevé de deux étages pour devenir un immeuble. Depuis 2016, il accueille la donation Ferrero, un ensemble unique d'art contemporain, et propose des conférences ou des expositions temporaires qui mettent en valeur son fonds.

5 L’atelier de Frédéric Lesellier

Du rêve d’enfant à l’artisanat d’art

C’est au pied du magnifique bâtiment Le Régina que Frédéric Lesellier a installé son atelier-boutique. Frédéric est artisan d’art maroquinier et bottier. D’aussi loin qu’il se souvienne, il a toujours dessiné, coupé, collé et assemblé des chaussures. Il appréciait le bruit des talons que portaient sa mère et sa grand-mère et admirait aussi Victoria Abril dans *Talons aiguilles* ou Penélope Cruz dans *Volver*, qui en faisaient une arme. Ces figures féminines charismatiques l’ont poussé à réaliser son rêve d’enfant.

Pour cela, il est monté à Paris pour obtenir un diplôme de modéliste chaussures et sacs à l’école Boulle. Dans un premier temps, il a travaillé dans les ateliers de fabrication de maisons prestigieuses avant de devenir artisan, poussé par ses proches et son mari, Axel. En 2016, Frédéric lança sa première boutique en ligne et déposa sa marque en 2017. Il commença par créer une collection de sacs et de petite maroquinerie avant de proposer des escarpins à talons aiguilles. Et c’est en 2020, après avoir décidé de s’installer à Nice, qu’il ouvrit sa boutique à Cimiez.

Du dessin à la fabrication, l’artisan d’art réalise tout à la main avec des cuirs de France, d’Italie et d’Espagne. Sandales, chaussures de soirée, porte-monnaie, sacs en bandoulière, pochettes… toutes les pièces sont uniques ou développées en petites séries. Frédéric puise ses inspirations dans la musique, les arts, la pop culture ou encore l’architecture. Après sa première collection « Curven », inspirée des architectes de la courbe, il a lancé la collection « Correspondances », insufflée par des échanges épistolaires de l’âge baroque. Il a aussi imaginé une nouvelle collection, « Or Noir », née d’un mélange étonnant entre le symbolisme du peintre Gustave Klimt et la célèbre trilogie *Star Wars*. Parmi ses clients, il compte la célèbre humoriste Noëlle Perna, plus connue sous le nom de Mado la Niçoise, qui a choisi des chaussures – à talons bien sûr – pour sa tournée.

Adresse 71 boulevard de Cimiez, 06000 Nice, www.frederic-lesellier.com | Transports en commun Bus 5/33, arrêt Victoria ou Arènes – Musée-Matisse | Horaires d'ouverture Tous les jours de 10 h à 13 h et sur demande | À savoir Si vous rêvez d'avoir votre sac ou votre paire de chaussures personnalisés, Frédéric réalise aussi des pièces sur mesure. Vous pourrez choisir la forme et les couleurs de votre accessoire.

6 L'Authentique

Sur la première marche du podium

Steeve Bonnet, maître pizzaïolo à la tête de l'Authentique Pizza, n'était pas destiné à ce métier. Fils de boulanger, il est tombé dans la marmite de la farine quand il était petit, mais ses parents refusaient qu'il embrasse la carrière d'artisan, trop éreintante. Steeve s'est donc lancé dans des études de commerce, qui l'ont mené à devenir manager à seulement 22 ans. Très à l'aise dans son métier, il ne se sentait pourtant pas à sa place. Il changea radicalement de voie et devint pizzaïolo. Pour se former, il s'entoura des plus grands, comme le ponte de la pizza John Bergh.

Épaulé par sa compagne Jennifer, Steeve a ouvert son premier restaurant L'Authentique Pizza à Nice le 16 novembre 2016, puis un second dans le quartier de la Libération. Puis un troisième à Fabron ! La recette de son succès ? Le savoir-faire : les pizzas sont préparées à partir de produits frais et de saison qui proviennent directement d'Italie ou de producteurs locaux. Les œufs, les fromages et la charcuterie sont labellisés bios ou AOP. Mais le vrai secret de Steeve, c'est sa pâte : tous les jours, il la nourrit avec du levain, de l'eau et beaucoup d'amour. Le résultat est sans appel : les pizzas de L'Authentique – déclinées en plusieurs recettes, de la plus classique à la plus originale – sont tout simplement délicieuses.

Au printemps 2023, la pizzéria a gagné l'une des plus belles distinctions en décrochant le premier prix au championnat de France de Pizza a Due, à Paris. Ce prix, Steeve l'a remporté avec son ami Arnaud Faye, chef doublement étoilé au *Guide Michelin* et Meilleur ouvrier de France. Pour décrocher le fameux sésame, le duo a misé sur des ingrédients inattendus : du caviar d'aubergine fumée, du lapin et du poulpe. Et ils ne se sont pas arrêtés là, puisque la pâte de cette pizza, baptisée « La Riviera », a été préparée avec de l'eau de mer… de la Méditerranée bien sûr ! Un coup de génie pour ces deux acolytes, qui ne s'étaient rencontrés que 2 ans plus tôt, par hasard.

Adresse 15 boulevard Auguste-Raynaud, 06100 Nice (Libération) et 1 chemin de Terron, 06200 Nice (Fabron), www.lauthentiquepizza.com | Horaires d'ouverture Du mardi au dimanche de 18 h à 22 h | À savoir Steeve invite régulièrement des personnalités de son choix pour leur proposer de réaliser leur propre recette de pizza : c'est la « pizza chez l'invité », qui reste à la carte durant 3 semaines.

7 Les bains thermaux

Voyage au cœur de la ville de Cemenelum

Que diriez-vous de vous replonger à l'époque où Nice était romaine ? Direction le musée d'archéologie de Cimiez, qui offre un vrai voyage dans le temps. Le musée a en effet pris ses quartiers à l'emplacement de l'ancienne cité de Cemenelum – devenue Cimiez au fil du temps –, capitale de la province des *Alpes Maritimae* et précieux témoin de l'occupation romaine de notre territoire.

Fondée à la fin du Ier siècle av. J.-C. au pied de l'oppidum des Vediantii (les ancêtres des Niçois), Cemenelum s'étendait sur 20 hectares, mais seuls 10 % ont été mis à nu par les fouilles archéologiques. Celles-ci ont permis de dévoiler les ruines de cette ville antique : habitations, routes, amphithéâtre, nécropoles et surtout d'incroyables thermes.

Au nombre de trois, ils étaient baptisés thermes « du Nord », « de l'Est » et « de l'Ouest », selon leur emplacement. Les archéologues ont pu prouver que ces derniers avaient été bâtis à des périodes différentes, mais sans pouvoir expliquer leur nombre. Chaque ensemble thermal se composait de quatre salles en enfilade, orientées nord-sud : le *frigidarium* (la salle froide), le *tepidarium* (la salle tiède), le *laconicum* (une étuve sèche placée à l'arrière du *tepidarium)* et deux *caldaria* (des salles chaudes). Le baigneur se déshabillait dans l'*apodyterium* (le vestiaire) et pratiquait différentes activités sportives dans le gymnase. Ensuite, il se rafraîchissait dans la *natatio* (la piscine en plein air) et commençait son parcours.

Les thermes les plus emblématiques et les plus vastes de Nice sont ceux du Nord, qui font partie des rares ensembles aussi bien conservés en France. À l'époque, ils présentaient une riche décoration – mosaïques, placages de marbre et enduits peints –, dont on peut encore voir quelques traces. C'est ici que les Romains passaient la majorité de leur temps. Ils flânaient, se racontaient les nouvelles, parlaient affaires, discutaient entre eux, se faisaient masser, coiffer, etc. La belle vie !

Adresse 160 avenue des Arènes-de-Cimiez, 06000 Nice, www.musee-archeologie-nice.org | Transports en commun Bus 5/18/33, arrêt Arènes – Musée-Matisse | Horaires d'ouverture De novembre à avril, tous les jours sauf le mardi de 10 h à 17 h ; de mai à octobre, tous les jours sauf le mardi de 10 h à 18 h | À savoir Si vous souhaitez plonger entièrement dans l'histoire de Cemenelum, n'hésitez pas à opter pour une visite commentée. Et si vous voulez visiter les bains comme si vous y étiez, le musée propose une balade en immersion grâce à un casque de réalité virtuelle.

8 La Baumeta

Un espace bien-être dédié aux femmes

Nichée dans une ruelle traversante du Vieux-Nice, face aux murs qui constituaient autrefois l'église du couvent des franciscains, La Baumeta est un lieu inattendu. Celui-ci se cache derrière une porte en bois ornée de lucarnes en forme d'ailes et surmontée de deux petites gargouilles semblant tout droit sorties d'un roman fantastique. De magnifiques voûtes en pierre surplombent les lieux. Avant d'accueillir La Baumeta, qui signifie « petite grotte » en niçois, ils hébergeaient une boîte de nuit réservée aux femmes. Aujourd'hui, ils ont été transformés en un espace dédié à leur bien-être, ainsi qu'à la maternité et aux soins holistiques.

À l'intérieur de cet espace, tout a été créé ou chiné par Patrick, le mari d'Audrey, la fondatrice : les étagères en bois, les patères fabriquées à partir de bougeoirs ou de poignées de porte, le paravent balinais… et même un tonneau de vin, vieux de plus de 50 ans, transformé en baignoire pour les bains aromatiques. Partout où l'on pose les yeux, on découvre de petites merveilles étonnantes, dont de nombreuses clés, le symbole des lieux. Il y en a partout et sous toutes les formes. Elles sont une invitation à explorer les possibles de votre vie.

Audrey est une praticienne bien-être certifiée. Après une première vie de danseuse professionnelle, dans laquelle le corps avait déjà toute son importance, elle s'est passionnée pour l'art ancestral des massages ayurvédiques et suédois et de la relaxation aux bols chantants tibétains. Elle s'est également spécialisée en massages adaptés aux femmes enceintes et en accompagnement périnatal. Au sein de La Baumeta, Audrey propose plusieurs soins et rituels : les traditionnels massages californiens, les massages pour les futures mamans, mais aussi des séances de relaxation aux bols tibétains ou des rituels complets destinés aux jeunes mères, comme le rebozo. L'objectif est de se reconnecter avec son corps et de se détacher du quotidien pour quelques heures.

Adresse 2 ruelle Saint-André, 06300 Nice, www.labaumeta.fr | Transports en commun Tram 1, arrêt Cathédrale – Vieille-Ville | Horaires d'ouverture Du lundi au dimanche de 8 h à 21 h, sur rendez-vous | À savoir Le bain sonore aux bols tibétains est une méthode de relaxation qui permet de retrouver une énergie harmonieuse. Leurs vibrations parcourent l'espace pendant que les sonorités vous bercent et apaisent votre esprit.

9 Le Béthel

Un bar touché par la Grâce

L'église Saint-Jacques-le-Majeur, connue sous le nom d'église du Gesù, est l'une des plus visitées de la ville. Située en plein cœur du Vieux-Nice, elle a été construite au début du XVIIe siècle à la place des greniers à sel par les jésuites qui venaient de fonder un collège. Inspirée de l'église del Gesù de Rome, elle a marqué l'arrivée de l'art baroque dans la ville et a servi de modèle pour la construction de toutes les églises baroques de Nice et de sa région. Elle se distingue notamment par la présence d'une multitude d'angelots sculptés ou peints à l'intérieur de sa nef. On en dénombre pas moins de 264, qui donnent l'impression d'être surpris en plein vol.

L'autre particularité de l'église, c'est le Béthel. Imaginé par le père Frédéric Sangès, alors responsable de la pastorale du tourisme, le Béthel est un patio bien particulier, installé depuis l'été 2021 dans l'arrière-cour de l'église. Pensé comme un bar secret, il a pour vocation d'accueillir les visiteurs différemment dans un lieu hors du temps.

Auparavant, le bâtiment était utilisé comme entrepôt, où nombre de choses se sont entassées pendant des dizaines d'années. Le père Frédéric Sangès, qui cherchait une solution pour inciter les visiteurs de l'église à rester plus longtemps sur place, a eu l'idée d'aménager l'endroit avec des meubles et des objets de récup'. Seules les deux échelles, véritables symboles du lieu, sont d'origine. En effet, dans l'Ancien Testament, Jacob s'endort dans un sanctuaire et rêve d'une échelle entre ciel et terre, parcourue par les anges. À son réveil, il renomme l'endroit Béthel, qui signifie « maison de Dieu ». Quelques œuvres d'art parsèment également le patio, comme celles des street artistes César Malfi et Pleks Bastard. Ici, on boit un verre, on joue à des jeux de société, on échange, on se rencontre, on fait une pause en famille ou entre amis, indépendamment de ses convictions religieuses. Aucun prix n'est affiché, chacun est libre de donner ce qu'il veut.

Adresse 1 place du Gesu, 06300 Nice (entrée par l'église) | Transports en commun Tram 1, arrêt Cathédrale – Vieille-Ville | Horaires d'ouverture Uniquement en été, de 14 h 30 à 18 h et de 19 h à minuit | À savoir Le clocher de l'église est fait en brique apparente, une technique importée du Piémont rare à Nice. Il mesure 42 mètres de haut et n'est visible que dans l'axe de la rue de la Croix.

10_La bibliothèque Romain Gary

L'ancien QG des décideurs de la ville de demain

Rome ne s'est pas faite en un jour, et Nice non plus ! La ville que l'on connaît aujourd'hui a vu le jour grâce à un projet d'aménagement, d'embellissement et d'extension de la ville : le plan Cornudet. Établi en 1919, celui-ci a profondément marqué l'histoire de la cité, façonnant ses rues et ses quartiers afin de la moderniser.

En pratique, un comité Cornudet a été créé par le conseil municipal le 30 mai 1921. Composé de conseillers municipaux, d'ingénieurs et d'architectes, il avait pour vocation de préparer un plan d'aménagement indiquant l'infrastructure générale de la ville, avec les emplacements des monuments, des bâtiments publics ou encore des espaces verts. Le comité se réunissait alors les deuxièmes et quatrièmes mercredis du mois, à 17 heures, au premier étage du 21 bis boulevard Dubouchage – à l'époque la villa Rambourg, qui abritait déjà une bibliothèque municipale. Son travail se déroulait en deux temps : d'une part, des commissions de deux ou trois membres devaient préparer des suggestions qui, si adoptées à la majorité, constituaient les directives de réalisation des études définitives ; d'autre part, chaque membre devait indiquer sur le plan les modifications qu'il souhaitait voir apporter à la configuration de la ville. Le comité Cornudet accomplit ainsi une œuvre décisive pour le développement de Nice, même si les projets d'aménagement furent souvent partiellement abandonnés ou ralentis en raison du manque d'efficacité des outils juridiques et financiers mis à la disposition de la municipalité. C'est donc dans cette bibliothèque que s'est joué l'avenir de la ville.

Aujourd'hui, le site abrite une exceptionnelle diversité de manuscrits, d'estampes, d'affiches, de photographies ainsi qu'un étonnant cabinet de curiosités avec, entre autres, des objets d'art africain, le masque original de Victor Hugo par Auguste Rodin ou encore la main de Juliette Drouet en marbre blanc.

Adresse 21 bis boulevard Dubouchage, 06000 Nice | Transports en commun Tram 2, arrêt Durandy | Horaires d'ouverture Le lundi, le mercredi et le jeudi de 10 h à 18 h, le mardi et le vendredi de 14 h à 18 h | À savoir Pour les amateurs de bon vin, ne manquez pas La Part des Anges, une cave à vin proposant 300 références dénichées par Olivier Labarde (17 rue Gubernatis, 06000 Nice, lapartdesanges-nice.com).

11 La Boulangerie par Michel Fiori

Des croissants médaillés

On ne se rend pas par hasard dans cette boulangerie du boulevard Raimbaldi ! Quand ce ne sont pas les habitués qui viennent boire leur premier café du matin, ce sont les gourmands en quête de viennoiseries qui poussent la porte de ce fournil. À sa tête, Michel Fiori, maître artisan boulanger depuis près de 40 ans, qui a suivi les traces de son père, lui-même boulanger dans sa Boulangerie du Piol.

Installé à proximité de la gare ferroviaire de Nice-Ville, Michel Fiori propose dans ses vitrines copieusement garnies, au milieu d'une belle sélection de pains travaillés avec des produits et des farines de qualité, des viennoiseries médaillées ! En effet, et même s'il n'en était pas à son coup d'essai, le boulanger a participé à plusieurs concours et a obtenu le prix du meilleur croissant des Alpes-Maritimes en 2020, ainsi qu'une médaille d'argent régionale du meilleur croissant au beurre. Le résultat est sans appel : une belle couleur dorée, un feuilletage parfait et un cœur moelleux à souhait. Concernant la recette, le boulanger avoue seulement que pour préparer ses croissants, il s'y prend 72 heures à l'avance. En résumé, la pâte d'un croissant dégusté le mardi a été préparée le samedi précédent selon un procédé très précis. Dans son mélange, l'artisan ajoute des œufs et « un peu plus de gras que dans la recette classique ». Le reste est bien évidemment secret… mais le résultat est un régal pour les yeux et les papilles !

Le maître artisan ne s'arrête pas là. Il décline ses croissants en recettes gourmandes et originales, à l'instar du croissant fourré à la crème citron et décoré de meringue et de zeste de citron vert. Sans oublier sa spécialité, le flan gourmand : façon tiramisu, à la pistache, en cheesecake ou encore au chocolat… il y en a pour tous les goûts ! Aussi humble que passionné, Michel Fiori œuvre pour la bonne cause et travaille de pair avec des associations pour aider les plus démunis en leur offrant de quoi manger.

Adresse 19 boulevard Raimbaldi, 06000 Nice | Transports en commun Tram 1, arrêt Gare-Thiers | Horaires d'ouverture Tous les jours sauf le dimanche de 7 h 30 à 19 h | À savoir Au n° 33 du boulevard Raimbaldi, Planète Jeux est un chouette café ludique pour petits et grands, où il est possible de faire des parties de jeux de société tout en sirotant un verre ou une boisson chaude (www. planetejeuxnice.fr).

12 Les boulets de canon

Des boulets comme s'il en pleuvait

En se baladant dans le Vieux-Nice et en prenant le temps de lever les yeux au ciel, on peut parfois tomber sur des curiosités. C'est le cas des boulets de canon – six pour être précis – disséminés sur les murs de la vieille ville.

Le plus facile à repérer est celui situé à l'angle de la rue Droite et de la rue de la Loge, à côté du palais Lascaris. Il s'agit d'un boulet ottoman tiré par la flotte turque lors du plus important siège que la ville ait connu, celui des armées de François Ier et de Soliman le Magnifique, en 1543. Ce boulet rend aussi hommage à la légendaire Catherine Ségurane, symbole de la résistance et héroïne de la population. Cette dernière aurait repoussé un soldat turc en le frappant avec son battoir à linge et en lui arrachant des mains le drapeau ottoman.

On retrouve aussi trois boulets disposés sur la façade de la chapelle du Saint-Sépulcre (autrement nommée chapelle des Pénitents bleus) place Garibaldi, ainsi qu'un boulet à l'intersection des rues de l'Abbaye et Colonna-d'Istria. Ces boulets en plomb ou en pierre racontent les aventures militaires de la ville. Ce sont aussi les derniers témoins des sièges subis au cours des XVIe et XVIIe siècles – 12 au total ! Rien que pour le siège franco-turc, pas moins de 3 173 boulets auraient été tirés. Lors de la guerre de 1705 entre les armées de Louis XIV et de Victor-Amédée II de Savoie, les troupes françaises envoyèrent un déluge de boulets de canon sur le château de Nice : près de 47 250 furent tirés en 54 jours, soit environ 875 boulets par jour ! Le château fut d'ailleurs rasé par la suite.

Imaginez le nombre de vestiges qui ont pu être retrouvés au fil du temps un peu partout à Nice. Il paraît même que des « boulistes » de la colline du Château auraient un jour ramassé un boulet de canon et auraient dit : « Eh bien ! Ils étaient costauds nos ancêtres », pensant qu'il s'agissait d'une boule de pétanque.

Adresse À l'angle des rues de l'Abbaye et Colonna-d'Istria, 06300 Nice | **Transports en commun** Tram 1, arrêt Cathédrale – Vieille-Ville ou Opéra – Vieille-Ville | **À savoir** Pour une pause sucrée ou salée, n'hésitez pas à pousser la porte de Marinette. On craque pour le cookie minute à la chantilly maison, le roulé au Nutella ou les autres petites merveilles qui feront fondre vos papilles (13 rue Colonna-d'Istria, 06300 Nice, www.restaurantmarinette.fr).

13_La Brasserie Artisanale de Nice

Des bières à la courge brassées à la main

Savez-vous qu'il existe une culture brassicole à Nice ? L'une des premières brasseries de la ville, la Brasserie Rubens, a été fondée en 1897 dans le quartier Riquier. Elle a définitivement fermé ses portes en 1967, après 70 ans de fabrication de bières reconnues au-delà des frontières niçoises.

Depuis 2015, la Brasserie Artisanale de Nice s'est faite l'héritière de cette tradition artisanale urbaine. Située en plein centre de Nice, dans le très dynamique quartier de la Libération, elle a vu le jour sous l'impulsion d'Olivier Cautain, qui s'est reconverti après une première carrière internationale dans l'hôtellerie-restauration. En ouvrant cette brasserie, Olivier souhaitait proposer des bières de qualité, dont toutes les étapes de fabrication seraient effectuées sur place et à la main, de la transformation des ingrédients naturels, la mouture du malt, le brassage et la fermentation jusqu'à la mise en bouteilles et l'étiquetage. C'est chose faite – même les cuves sont fabriquées par des chaudronniers des Alpes-Maritimes. Les recettes sont purement niçoises et élaborées à partir de produits régionaux : pois chiches du Var, oranges amères des collines niçoises, fruits rouges de Belvédère, ou encore courges longues de Nice. Sélectionnées par le brasseur sur le marché de la Libération, ces dernières sont ensuite rôties dans un four à socca, puis ajoutées au brassage avec du malt d'orge et des épices : ce mélange donne naissance à la Cougourdoun, entièrement réalisée dans le quartier de la Libé'.

Cette bière rousse de saison vient compléter la gamme historique, certifiée bio et brassée toute l'année, composée d'une bière blonde (la Zytha), d'une bière ambrée (la Hopstock), d'une bière blanche (la Blùna) et d'une IPA (IPA Li Fumadi). S'ajoutent à celles-ci des bières éphémères aux recettes encore plus créatives. Et ici, vous pouvez même profiter d'un système de consigne en rapportant vos bouteilles vides pour les faire remplir à nouveau.

Adresse 14 avenue Villermont, 06000 Nice, www.brasserie-nice.com | Transports en commun Tram 1, arrêt Libération | Horaires d'ouverture Du lundi au vendredi de 17 h à 19 h, le samedi de 10 h à 12 h et de 16 h à 19 h | À savoir Un détour par le marché de la Libération s'impose ! Et notamment par les Docks de la Riviera, une cité marchande typique vieille de plus de 100 ans qui héberge encore quelques marchands authentiques.

14 Le bureau de poste Thiers

Un air ch'ti en plein cœur de Nice

Certains bâtiments font tellement partie du paysage qu'on ne les remarque presque plus ! C'est le cas du bureau de poste Thiers, situé juste à côté de la gare SNCF de Nice-Ville. Pourtant, il s'agit là d'un des plus beaux trésors Art déco de la ville.

Édifié en 1931 par Guillaume Tronchet, architecte en chef de la présidence de la République, l'édifice présente une impressionnante tour-horloge de 27 mètres de haut. Des figures sculptées des frères Martel ornent sa façade, ainsi que trois magnifiques vitraux réalisés par l'artiste Jacques Gruber. Une fois devant l'édifice, on ne peut se tromper sur sa vocation première puisqu'on lit encore sur sa façade « Poste Télégraphe Téléphone ». Mais ce bâtiment public a une particularité : il n'a pas été construit en béton, mais avec 300 000 petites briques rouges provenant de Sarzana, en Italie. Et les briques rouges à Nice, c'est rare ! Ce style d'un genre nouveau provoqua de nombreuses polémiques au sein de l'opinion publique, alors que les constructions fonctionnelles étaient censées s'inspirer des styles régionaux. Une légende raconte même qu'un fonctionnaire parisien aurait interverti des plans de Nice et de Lille : Nice se serait retrouvée avec la Poste de Lille et vice versa ! En somme, une erreur humaine serait derrière toute cette affaire. Et même si l'architecte a démenti l'affaire – il souhaitait simplement créer un bâtiment original avec une architecture d'avant-garde –, cette rumeur tenace l'a poursuivi jusqu'à sa mort.

Toujours est-il que l'innovation de ce bâtiment ne s'arrête pas là : d'une part, ce sont les angles du bâtiment qui servent d'entrées, dont la principale. D'autre part, on ne soupçonne pas l'ingénieux système de tunnels installé entre la poste et les quais de la gare – à l'époque la gare PLM (Paris à Lyon et à la Méditerranée) – pour faciliter le transport des sacs postaux. Ces derniers arrivaient directement dans la salle de tri. L'hôtel des Postes a reçu le label « Patrimoine du XXe siècle » en 2000.

Adresse 21 avenue Thiers, 06000 Nice | Transports en commun Tram 1, arrêt Gare-Thiers | Horaires d'ouverture Tous les jours sauf le dimanche de 8 h à 18 h | À savoir Non loin de là, dans le prolongement de l'avenue Jean-Médecin, le pont de la gare Thiers mérite le détour à la tombée de la nuit. L'artiste Gunda Förster a rendu hommage au bleu de l'artiste Yves Klein avec une installation lumineuse visible toute la nuit. Étonnant !

15 Le buste de Rosalinde Rancher

Le chevalier de la langue niçoise

Non loin de la cathédrale Sainte-Réparate, la place Vieille abrite la maison qui a vu naître, le 20 juillet 1785, un certain Joseph-Rosalinde Rancher. Devenu un écrivain très cher aux yeux des Niçois, il a désormais son propre buste fixé dans la pierre. La raison ? Rancher a redonné ses lettres de noblesse à la langue niçoise, alors tombée au rang de vulgaire patois.

Fils d'un chirurgien, Joseph-Rosalinde était un brillant élève. Il fit ses études à Marseille et fut employé dans une maison de commerce anglaise à Livourne avant de rentrer à Nice. C'est là qu'il devint écrivain-juré chez un avocat, puis sous-secrétaire au magistrat suprême du Consulat de commerce et de mer. En 1823, il publia *La Némaïda : o sia lou trionf dai Sacrestan, poëma nissart*, un poème héroï-comique en 7 chants et 2 740 alexandrins, considéré comme le premier texte imprimé en niçois moderne. Cocasse et burlesque, celui-ci évoque un fait divers local : une dispute entre gens d'église autour d'intérêts financiers divergents. Si cette œuvre lui valut les encouragements de l'Académie française, elle lui attira les foudres des dévots niçois, bien décidés à se venger. Et l'occasion se présenta quelques années plus tard, en 1829.

Rancher – qui était aussi un excellent violoniste – fut invité à se joindre à l'orchestre du théâtre royal pour le spectacle donné le 26 décembre en l'honneur du roi Charles-Félix de Savoie. Pour l'occasion, il imagina une comédie lyrique, *Les Bergers des Alpes-Maritimes,* mais fit une entorse au programme officiel en faisant jouer son jeune neveu sur scène. Au prétexte de cet incident, le gouverneur fit jeter Rancher en prison dès le lendemain. Il en sortit quelques heures plus tard, mais le poète niçois décida de ne plus rien publier de son vivant. Il fallut attendre 1954, soit 111 ans après sa mort, pour découvrir l'ensemble de son œuvre : *La Mouostra raubada*, un autre poème héroï-comique, et le recueil *Fabla nissardi basadi soubre lu proverbi doù pais.*

Adresse Place Vieille, 06300 Nice | Transports en commun Tram 1, arrêt Cathédrale – Vieille-Ville | À savoir Symbole de Nice, le galet se décline aussi sous forme de confiseries à la boutique Le Galet Bleu. Pour des souvenirs gourmands plus vrais que nature (29 rue Benoît-Bunico, 06300 Nice) !

16 Le cadran solaire

Mais où se trouve l'aiguille ?

C'est assurément l'un des plus beaux points de vue de Nice : le quai Rauba-Capeù (« vole chapeau » en niçois) domine la baie des Anges et offre un panorama à couper le souffle. Il a été construit dans la roche dès 1770 pour relier la Marine – aujourd'hui le cours Saleya – au nouveau port Lympia. Il fallut attendre la visite du roi Charles-Félix, en 1826, pour qu'il soit élargi à la circulation routière.

Un immense cadran solaire d'une douzaine de mètres est gravé sur le sol. Celui-ci a été installé le 21 juin 1981, premier jour de l'été, le plus long et le plus ensoleillé de l'année. Il se compose de pièces métalliques incrustées dans le sol : 12 branches partant du centre et courant jusqu'au cercle extérieur, numérotées de 7 à 18, indiquent l'heure. On remarque d'ailleurs, entre les traits 12 et 13, l'indication du pôle Nord. Vers le sud, 12 autres lignes vont vers la mer. D'aspect classique, ce cadran a pourtant une particularité : il n'a pas de style – autrement dit, il n'a pas d'aiguille pour lire l'heure. Et pour cause : le style, c'est vous ! Si on y regarde de plus près, on découvre sur l'une des plaques en cuivre incrusté la mention : « L'heure déterminée par l'ombre de la tête d'un observateur de 1,70 mètre placé sur la rosace doit être corrigée suivant la date du nombre de minutes indiqué sur le graphique. » En somme, le cadran propose aux personnes mesurant 1,70 mètre de s'installer et de lire l'heure solaire à l'ombre du sommet de leur tête. La position exacte est celle sur le haut de la rosace, au niveau du petit cercle. Il faudra aussi veiller à ajouter 1 heure en été.

Mais 1,70 mètre, c'est un peu restrictif ! Les plus petits se mettront sur la pointe des pieds et les plus grands devront jouer de leur corps pour rapetisser. Quoi qu'il en soit, au-delà de donner l'heure et d'amuser les passants, le cadran a d'abord pour vocation d'expliquer le rôle du soleil qui rythme la journée et les saisons. Et de soleil, il en est question puisque les levers et couchers de soleil sont tout simplement magnifiques depuis cet endroit.

Adresse Quai Rauba-Capeù, 06300 Nice | Transports en commun Tram 1, arrêt Cathédrale – Vieille-Ville ou Opéra – Vieille-Ville | À savoir Depuis 1968, *Notre-Dame des Fonds sous-marins* veille sur les plongeurs, près du quai Rauba-Capeù, à une douzaine de mètres de profondeur. Mesurant 2,8 mètres de haut et pesant 1 tonne, la statue est l'œuvre d'un ancien sculpteur des carnavaliers de Nice. Seuls les plongeurs peuvent lui rendre visite.

17 Les Cafés Indien

Cent ans de torréfaction artisanale

Si vous passez dans le Vieux-Nice tôt le matin, des effluves de café viendront titiller vos narines. Ces notes proviennent de la brûlerie des Cafés Indien, la plus ancienne – et la dernière – de Nice. L'établissement a vu le jour en 1925 sous le nom de Torréfaction de la Méditerranée et du Sud-Est – Cafés L'Indien – aujourd'hui, le *l* apostrophe a disparu.

D'abord située rue Catherine-Ségurane, la brûlerie a pris ses quartiers dans la rue Sainte-Réparate et appartient à la même famille depuis les années 70. Ce sont trois générations de torréfacteurs passionnés qui s'y sont succédé : le grand-père en 1975, le père en 1990 et le petit-fils, Jean-François, en 2010. Tombé dans la marmite du café quand il était petit, Jean-François perpétue avec amour l'affaire familiale. Chaque matin à 7 heures, il vient torréfier ses meilleurs crus provenant du bout du monde – Brésil, Éthiopie, Colombie ou Papouasie – de façon artisanale, dans le respect du travail méticuleux des producteurs de café. Chaque grain subit un processus rigoureux et délicat visant à révéler le meilleur de ses arômes. Chauffe, séchage, réaction de Maillard, explosion des grains, épierrage et refroidissement… le torréfacteur transforme les fèves de café vert en café fraîchement torréfié. Jean-François continue d'ailleurs d'utiliser une échantillonneuse pour faire ses essais avant de lancer la production. Cette machine, qui date de 1976, appartenait à son grand-père. Au total, Jean-François propose 5 assemblages et plus d'une dizaine de cafés d'origine.

Membre de la Speciality Coffee Association of Europe et titulaire d'un diplôme de barista, le torréfacteur a également participé aux championnats de France de torréfaction. Mais au-delà des titres, Les Cafés Indien est avant tout un endroit où l'on est sûr de déguster un bon café, préparé dans le respect des traditions. Et si l'on souhaite prolonger l'expérience, direction le coffee shop situé rue Pairolière. Alors, ce sera avec ou sans sucre ?

Adresse 2 bis rue Sainte-Réparate (torréfaction) et 35 rue Pairolière (coffee shop), 06300 Nice, cafes-indien.com | **Transports en commun** Tram 1, arrêt Cathédrale – Vieille-Ville ou Opéra – Vieille-Ville | **Horaires d'ouverture** Du mardi au samedi de 9 h à 12 h 30 et de 15 h à 19 h | **À savoir** Pour en savoir plus sur le métier de torréfacteur, Les Cafés Indien proposent des ateliers d'initiation à la dégustation et à la torréfaction de café.

18 Le cap de Nice

Le repère des sans-culottes

Pour les amateurs de randonnée, il est facile de sortir de Nice pour prendre un grand bol d'air. Il suffit d'emprunter le chemin du Littoral, aussi connu sous le nom de « sentier des Douaniers », au départ du port. Ce sentier a été tracé en 1791, pendant la Révolution française, pour permettre à la douane de surveiller les côtes entre Saintes-Maries-de-la-Mer, en Camargue, et Menton.

Depuis Nice, plusieurs tronçons se dessinent jusqu'à Cap-Martin, longeant Villefranche-sur-Mer, Saint-Jean-Cap-Ferrat et Cap-d'Ail. Entre Nice et la darse de Villefranche, le cap de Nice est facilement accessible – quoique pentu à certains moments –, dévoilant les superbes couleurs du ciel et de la mer à travers des chemins parsemés de pins et de plantes grasses. Le sentier commence une centaine de mètres après le monument dédié à Maurice Maeterlinck. On y accède en se faufilant dans l'ouverture du parapet. Un dénivelé de 60 mètres environ commence alors vers la pointe des Sans-Culottes, longeant par la même occasion la batterie de la Rascasse, un terrain militaire. Le sentier débouche près de la mer devant un blockhaus construit en 1913 afin de prévenir l'approche de toute marine adverse. Rénové et protégé par une grille, il a également été occupé par les Allemands pendant la Seconde Guerre mondiale. Ces derniers ont creusé une galerie sous le macadam pour y stocker des munitions et des appareils de transmission.

La vocation militaire de ce bout de terre a débuté bien plus tôt, au début du XVIIIe siècle. C'est ici que l'armée du roi de Sardaigne, maître du comté de Nice, installa ses premiers canons côtiers. Plus tard, en septembre 1792, la côte fut sécurisée quand les royalistes investirent Nice. On dit qu'une troupe de sans-culottes – figures populaires de la Révolution qui portaient des pantalons à rayures – aurait été placée sur cet éperon rocheux isolé pour guetter l'arrivée des bateaux. Une autre variante raconte que le nom viendrait de la fréquentation du lieu par les nudistes…

Adresse Départ boulevard Maurice-Maeterlinck, 06300 Nice | Transports en commun Bus 15, arrêt Maeterlinck | À savoir En continuant sur le sentier des Douaniers, vous atteindrez facilement Villefranche-sur-Mer et le Lazaret. En 1840, ce pavillon oublié a servi de dépôt provisoire au corps de Niccolo Paganini en attendant qu'il puisse être enterré en bonne et due forme par l'Église catholique (voir chap. 86).

19 Castor et Pollux

Les villas jumelles

Elles portent le nom des fils de Zeus. Elles, ce sont deux villas situées sur le boulevard Franck-Pilatte, face à la mer. Leurs noms sont même inscrits sur leur façade, beige rosé pour Castor et gris perle pour Pollux. A priori, rien à voir avec la mythologie grecque, d'autant qu'elles évoquent plutôt un style classique italien. Quoiqu'en y regardant de plus près, on se rend compte que ces deux bâtisses ont un point commun avec les célèbres enfants du roi des dieux : elles se ressemblent trait pour trait ! La villa Castor, située au n° 17, et la villa Pollux, au n° 19, sont en fait des jumelles.

Castor et Pollux sont sorties de terre en 1888 à la demande d'un certain vicomte Léon de Siresme – qui n'y a jamais séjourné ! Lui habitait plus au nord, dans une villa blanche à colonnades corinthiennes située sur l'actuelle montée Commandant-Octobon. Sur la façade, il a fait graver l'inscription *Haec requies mea* (« Ici est mon repos »).

Les villas jumelles, quant à elles, servaient de dépendances à sa propriété, sans nul doute destinées à la location pour les hivernants. Quand il acheta le terrain, le vicomte voulut « faire construire deux petits pavillons carrés en retrait de dix mètres sur le boulevard [...] avec une grille en façade sur le quai, séparés l'un de l'autre de manière à laisser voir l'axe de [sa] villa qui est au-dessus ».

Bâtis sur deux niveaux, les deux petits pavillons aux façades enduites offrent un style à tendance néo-classique : colonnes plates, entablements, refends au rez-de-chaussée, balustrades ou encore chimères aux angles. Le toit-terrasse, l'arc de cercle de certaines fenêtres ainsi que les pilastres sur les côtés ne sont pas sans rappeler les éléments architecturaux de la villa Siresme – aujourd'hui dénommée villa Stéphanie – à laquelle les jumelles sont historiquement rattachées. Bien qu'un lotissement et un parc séparent aujourd'hui les bâtisses de leur maison-maître, elles restent visibles et immortelles !

Adresse 17 et 19 boulevard Franck-Pilatte, 06300 Nice | Transports en commun Tram 2, arrêt Port-Lympia | À savoir Non loin du boulevard Franck-Pilatte, arrêtez-vous devant la magnifique porte en fer forgé qui était auparavant l'entrée de l'atelier du ferronnier Marcel Forni. On peut y voir trois oiseaux et un serpent au milieu d'un entrelacs de branches fleuries d'inspiration Art déco. Au-dessus, on ne manquera pas le superbe caméléon d'une précision incroyable (8 avenue Jeanne-Marlin, 06300 Nice).

20 Le Central

Le projectionniste d'abord

Au n° 27 de la rue Bonaparte, on remarque en levant la tête une excroissance architecturale au premier étage, que l'on nomme aussi « bow-window ». On en retrouve de nombreux exemples à Nice. Ces derniers servent à apporter de la luminosité grâce aux baies vitrées sur les côtés et à gagner de l'espace. Pourtant, sur ce bâtiment, le bow-window est presque aveugle.

Il s'agit en réalité de la cabine du projectionniste de l'ancien cinéma Le Central. Édifié en 1922 – à une époque où le cinéma gagnait en popularité –, Le Central a fonctionné de 1923 à 1973, comptant 1 078 fauteuils (722 au parterre et 356 au balcon) à son ouverture. La cabine de projection était dotée d'une sortie de secours – les bobines de film étaient très inflammables – et d'une porte qui permettait d'accéder directement à l'escalier de l'immeuble grâce à un balconnet. Le projectionniste était ainsi le premier à sortir en cas d'incendie.

Cette façade de la rue Bonaparte ne correspondait donc pas à l'entrée du cinéma, mais à sa sortie – c'est d'ailleurs ici qu'on collait les affiches des films ! L'entrée se faisait par un petit local situé sur la place du Pin, qui était la partie la plus animée du quartier. On peut par ailleurs s'imaginer comment était disposé le cinéma en faisant le tour par la ruelle Passeroni, où la façade côté écran est encore visible. Sa décoration de style néo-classique est emblématique de la Belle Époque et quelques rares éléments, comme des loges, ont été conservés. L'autre particularité de l'établissement était qu'il disposait d'un café qui donnait directement sur la salle. C'était le seul exemple de ce type à Nice.

Le Central fut le premier complexe associant un cinéma et un immeuble de rapport, ouvrant la voie aux grands ensembles des années 30 tels que Le Forum, L'Escurial ou encore L'Esplanade. Son architecte, Albert Galli, fut également le père de l'incontournable Rialto, encore en activité.

Adresse 27 rue Bonaparte, 06300 Nice | Transports en commun Tram 1, arrêt Garibaldi | À savoir Au n° 11 de la rue François-Guisol, le restaurant Badaboom est unique en son genre avec sa carte 100 % végétale, ses plats faits maison et son cadre familial et authentique – sans oublier les vins bios et les bières artisanales.

21 Le Centre du Patrimoine

L'ancien Sénat des Niçois

À une époque, les Niçois n'avaient pas de tribunal à saisir en cas de litige. Jusqu'au XVIIe siècle, les habitants dépendaient des juridictions de Turin ou de Chambéry. Pour obtenir réparation, ils devaient alors entreprendre un périlleux voyage dont ils n'étaient pas sûrs de revenir vivants.

À force de réclamations, le Sénat fut créé en 1614 pour faire office de cour de justice. Ses attributions s'étendirent par la suite aux domaines administratifs, ecclésiastiques et politiques. Équivalent à une cour d'appel, le Sénat s'installa d'abord dans une maison à côté du Palais royal, puis au fond du cours Saleya. Le palais fut érigé sur l'emplacement des anciens locaux de la gabelle – les entrepôts à sel – situés le long des premiers remparts de la ville. La bâtisse comptait alors trois étages ; les salles d'audience se trouvaient au premier niveau.

Après le rattachement de Nice à la France et la création du nouveau département des Alpes-Maritimes, c'est la cour d'appel d'Aix-en-Provence qui devint territorialement compétente, Nice perdant son instance propre. Les services judiciaires français et la prison continuèrent d'occuper le bâtiment, mais les locaux devinrent vite trop étroits, entraînant la construction du palais de justice actuel.

En avril 1894, Jules Gilly acheta l'immeuble pour en faire un asile de nuit afin d'accueillir les nécessiteux. On remarque encore la plaque « Entrée des femmes » et « Douches » à l'entrée du bâtiment. Pendant plus d'un siècle, les œuvres de bienfaisance s'y succédèrent. C'est en 2014 seulement que l'édifice devint le Centre du Patrimoine, voué à faire découvrir le patrimoine aux locaux et aux visiteurs. Des travaux effectués en 2016 permirent de mettre au jour des vestiges jusqu'alors méconnus. Dans les salles du rez-de-chaussée servant autrefois d'entrepôts, une partie de l'ancien rempart de la cité a été dévoilée, ainsi que le sol en calade et une magnifique voûte en brique quasiment plate – ce qui est peu commun à Nice.

Adresse 14 rue Jules-Gilly, 06300 Nice, centredupatrimoinevdn.tickeasy.com | **Transports en commun** Tram 1, arrêt Opéra – Vieille-Ville ou Cathédrale – Vieille-Ville | **Horaires d'ouverture** Le lundi de 13 h à 17 h et du mardi au vendredi de 9 h à 13 h et de 14 h à 17 h | **À savoir** Le Centre du Patrimoine organise de nombreuses visites guidées pour partir à la découverte de Nice et de son passé. Plusieurs thématiques permanentes sont proposées, et une thématique temporaire est mise à l'honneur tous les mois (centredupatrimoinevdn.tickeasy.com/fr-FR/accueil).

22 La chambre 89

L'hôtel qui scella à jamais le destin de Matisse

Situé à l'entrée du Vieux-Nice, à quelques mètres seulement de la mer, l'hôtel Beau Rivage, estampillé 4 étoiles, a été édifié en 1860 par Victoire Schmitz, une riche veuve qui possédait déjà l'Hôtel des Étrangers et le Grand Hôtel. Elle décida d'agrandir son parc sur le quai du Midi, l'actuel quai des États-Unis, ayant bien compris le potentiel de la vue sur la mer pour les hivernants.

À cette époque, le Beau Rivage occupait tout un terrain à l'angle de la rue Saint-François-de-Paule et du quai des États-Unis. Il disposait ainsi d'une façade côté Méditerranée, une partie de ses chambres offrant une vue incroyable sur la grande bleue – comme c'était le cas de la n°89.

Et c'est précisément dans cette petite chambre à la décoration banale, avec une grande fenêtre ouverte sur la mer, que le peintre Henri Matisse posa ses valises le 25 décembre 1917. Il avait alors 48 ans et venait séjourner dans le Sud pour soigner une bronchite. Lors de ce premier séjour, il tomba amoureux de la ville et de sa lumière, décidant par la suite de s'y installer jusqu'à la fin de ses jours. « Quand j'ai compris que chaque matin je reverrais cette lumière, je ne pouvais croire à mon bonheur. Je décidais de ne pas quitter Nice, et j'y ai demeuré pratiquement toute mon existence », a écrit l'artiste dans *Écrits et propos sur l'art.* Sa chambre fut une importante source d'inspiration : il y imagina ses plus grandes œuvres, dont *Ma chambre au Beau Rivage.* Il s'installa par la suite au palais Caïs de Pierlas, non loin de là, sur le cours Saleya.

En 1984, l'architecte niçois Georges-Xavier Marguerita modifia totalement la façade et les intérieurs du Beau Rivage, qui fut divisé en deux. La moitié côté quai des États-Unis fut transformée en habitations. L'hôtel connut ensuite plusieurs programmes de rénovation en 2004, puis en 2018. Depuis cette date, un hommage est rendu à son plus illustre client, chaque chambre exposant la reproduction de l'une de ses œuvres pour que l'âme de Matisse vive toujours entre ces murs.

Adresse 24 rue Saint-François-de-Paule, 06300 Nice, www.hotelnicebeaurivage.com | Transports en commun Tram 1, arrêt Opéra – Vieille-Ville | À savoir L'hôtel propose un forfait couplant une nuit d'hôtel et une visite du musée Matisse de Cimiez. Sur une surface d'exposition de plus de 900 mètres carrés, le musée abrite près de 600 œuvres données par Matisse et ses héritiers, ainsi qu'une collection d'objets personnels du peintre (164 avenue des Arènes-de-Cimiez, 06000 Nice).

23 La chapelle de la Miséricorde

Au paradis du trompe-l'œil

Située sur le cours Saleya, la chapelle de la Miséricorde est l'une des plus belles représentations de l'art baroque en France. Sa façade rigide ne laisse pas imaginer la surprise qui attend le visiteur derrière sa porte. À l'intérieur, la richesse de l'architecture et l'opulence des décorations laissent sans voix. Typique de l'art baroque, le trompe-l'œil est partout. Hormis deux colonnes, les dalles, les marches et l'ancienne table de communion, la chapelle n'est pas constituée de marbre ; elle a été entièrement enduite de stuc, un mélange de poussière de marbre et de pierre. Son autre particularité ? Aucun mur n'est droit : ils sont concaves ou convexes, comme le veut l'art baroque, pour accentuer l'impression de grandeur. Dans la nef, même les quatre chapelles latérales sont semi-circulaires. Et le regard monte progressivement vers la magnifique voûte peinte donnant la sensation de monter vers le ciel. La sacristie abrite des trésors picturaux : deux Vierges de Miséricorde, l'une de Jean Miralhet, datant de 1485, et l'autre de Louis Bréa, vers 1430.

Édifiée au XVIIIe siècle par les théatins, des moines savants venus d'Italie, la chapelle a été bâtie sur les plans de l'architecte Guarini. Les moines, qui avaient leur couvent au-dessus de la nef, y sont restés jusqu'à la Révolution française.

Après leur départ, les habitants ont récupéré les lieux pour en faire une réserve de foin pour les chevaux, puis une salle de théâtre. Elle retrouva sa fonction religieuse en 1828, lorsque la Confrérie des pénitents noirs s'y installa. Elle fit restaurer le décor de la chapelle et l'enrichit. Celle-ci devint alors la chapelle de la Miséricorde, dite des Pénitents noirs. La confrérie avait plusieurs vocations, différentes de celles des Pénitents blancs, rouges et bleus : l'enterrement des morts, l'aide aux plus pauvres et le réconfort aux prisonniers. Jusqu'à la fin du XIXe siècle, elle avait aussi le droit de grâce sur les condamnés à mort. Aujourd'hui, les Pénitents noirs perpétuent leurs missions.

Adresse Cours Saleya, 06300 Nice | Transports en commun Tram 1, arrêt Opéra – Vieille-Ville ou Cathédrale – Vieille-Ville | Horaires d'ouverture Le mardi de 14 h 30 à 17 h 30 | À savoir La chapelle de la Miséricorde est classée au titre des monuments historiques depuis 1921.

24 Le château de Crémat

Avec deux C, comme Chanel

Situé sur les collines du quartier de Bellet, le château de Crémat est un important représentant de la prestigieuse appellation des vins de Bellet, très reconnaissable avec ses murs de couleur rouge orangé. Seul vignoble possédant une AOP entièrement implantée dans une grande ville, il exploite 10 hectares de vigne situés entre 200 et 350 mètres d'altitude.

Le terrain était déjà cultivé à l'époque romaine pour produire du vin. Le château, quant à lui, a été construit en 1906 par Antoine Mari, un ancien négociant en vin et huile d'olive. Il imagina un bâtiment de style troubadour, dominé par une haute tour crénelée et dotée de grandes caves voûtées, et relança la culture des ceps de vigne. En 1923, pendant les Années folles, Irène Bretz, richissime actionnaire d'une compagnie américaine de chemin de fer et propriétaire du Negresco, fit l'acquisition des lieux. Elle lança un projet de rénovation et d'aménagement de la demeure, où elle avait l'habitude d'organiser des soirées mondaines. C'est au cours de l'une d'elles que Gabrielle Chanel tomba sous le charme des lieux. La légende raconte qu'elle se serait inspirée du monogramme du château de Crémat – deux C entrelacés – pour créer le sigle de sa maison de couture. Aucune trace écrite n'a été retrouvée, mais le logo a vu le jour en 1925 et sa ressemblance avec celui de Crémat laisse peu de place au doute.

Passionnée par le travail de la créatrice, la famille Derichebourg, qui possède aujourd'hui les lieux, continue de lui rendre hommage. La suite Coco Chanel a été aménagée avec du mobilier d'époque acquis lors de la vente aux enchères du Ritz, palace parisien où Chanel louait une suite à l'année, dont deux fauteuils qui gardent l'un, la trace des jambes de la créatrice, et l'autre, la trace de son chat. Dans le jardin, les rosiers *centifolia* sont ceux qui servent à l'élaboration du Chanel n° 5. Près d'un siècle après son passage, l'âme de Chanel plane encore sur Crémat…

Adresse 442 chemin de Crémat, 06200 Nice, www.chateaucremat.com | Transports en commun Bus 43/52, arrêt Château-de-Crémat | Horaires d'ouverture Du lundi au samedi de 10 h à 17 h 30 | À savoir Soucieux de promouvoir l'art et la culture locale, le château de Crémat propose une très belle galerie d'art attenante, Elie Art Galerie. De nombreux événements sont organisés tout au long de l'année : des portes ouvertes, des concerts à la bougie ou encore des spectacles.

25 Le Chef Citron

Il en a dans le bocal !

Depuis septembre 2022, une épicerie unique en son genre a ouvert ses portes dans le Vieux-Nice : Le Chef Citron. Avec ce joli nom, on pourrait croire qu'il s'agit d'une enseigne dédiée au citron, mais pas du tout ! Citron, c'est le surnom d'enfance de Cyril, le fondateur de cette boutique qui fleure bon la nostalgie et la cuisine de marché. Ancien chef, le jeune homme a en effet eu l'idée de conditionner tous ses produits en bocaux, comme le faisait sa grand-mère. Il s'est lancé dans cette affaire familiale avec sa sœur Audrey, également passionnée de cuisine et de bons produits. Dans leur « bocalerie artisanale », Cyril et Audrey proposent des recettes sans colorant et sans conservateur, concoctées par le chef en faisant le maximum pour ne rien gaspiller.

Les recettes sont mises au point dans la cuisine attenante à l'épicerie à partir de produits locaux et régionaux achetés en circuit court. De l'entrée au dessert en passant par les plats cuisinés et l'apéro, tout peut être acheté en bocal, petit ou grand. Daube, ratatouille, blanquette, bœuf bourguignon, sauté de porc aux champignons, mais aussi baba au rhum, caramel au beurre salé, crème aux œufs… il y en a pour tous les palais. Cyril aime aussi ajouter quelques notes asiatiques ou orientales dans ses plats. On retrouve ainsi du porc au caramel, du curry vert, du tajine d'agneau et bien d'autres petites merveilles aux saveurs exotiques.

Les recettes évoluent en fonction des saisons. L'été, par exemple, les étagères de l'épicerie regorgent de soupes froides, de currys de crevettes ou d'encornets farcis. Enfin, pour les plus gourmands, les incontournables pâtes à tartiner se dégustent à la cuillère. Chaque mois, le cuistot met au point une recette différente en édition limitée : la Petit Pât'à Noël aux épices pour les fêtes de fin d'année, la Frangipât' pour l'Épiphanie, la Pât'à Chéri choco-griotte pour la Saint-Valentin ou encore la Mascarpât' ! Et Cyril ne compte pas s'arrêter là, car des idées, il en a plein les bocaux !

Adresse 33 rue Pairolière, 06300 Nice, www.lechefcitron.fr | Transports en commun Tram 1, arrêt Cathédrale – Vieille-Ville | Horaires d'ouverture Du lundi au dimanche de 10 h à 19 h | À savoir Le Chef Citron propose aussi un service de consigne « Ramène ton bocal ». Bénéficiez de 5 % de réduction en ramenant vos bocaux vides !

26 Chez Pipo

Où voir l'un des plus vieux fours de Nice

Voilà près de 100 ans que le restaurant Chez Pipo régale les papilles des Niçois avec sa socca. Si de nos jours elle se déguste plutôt à l'apéro, elle était à l'origine un casse-croûte (*merenda* en niçois) qui faisait la joie des ouvriers du début du XXe siècle. Ces derniers mangeaient leur portion tel un sandwich, en garniture dans une miche de pain.

C'est en partie grâce à Giuseppe Mazzone, surnommé Pipo, que la socca a retrouvé ses lettres de noblesse. Son établissement fut fondé en 1933, à la place de l'ancienne ferronnerie d'art Folco, qui avait laissé un magnifique four en pierre de Biot. Ce four – aujourd'hui l'un des plus vieux de la ville – permet de cuire la socca sur de grandes plaques en cuivre étamé. Après Pipo, c'est son fils Lolo qui a repris le flambeau jusqu'en 1986. On raconte que ce dernier avait un sacré tempérament : il s'asseyait devant l'établissement à califourchon sur une chaise jusqu'à ce que l'église du port sonne 17 heures. À l'heure précise – et pas une minute avant –, il lançait la première plaque de socca. Jacques Médecin, l'ancien maire de Nice, avait fait de Chez Pipo l'une de ses cantines, puisqu'il était ami avec Lolo. Il y venait régulièrement avec sa femme et y organisait aussi des repas avec ses collaborateurs lors des campagnes électorales. Il laissait parfois des petits mots dans la boîte aux lettres pour commander des plaques de socca à emporter. Ce genre d'anecdotes, Steeve Bernado en a plein. Nouveau patron du restaurant, il a réalisé un rêve de jeunesse, lui qui souhaitait posséder les lieux depuis ses 15 ans.

L'enseigne a traversé le temps, comme le montrent les photos d'un Nice presque oublié. Steeve a su préserver cette ambiance authentique et perpétue la tradition. Il a cependant apporté sa touche personnelle en proposant des soccas garnies et d'autres spécialités niçoises. La recette fait toujours mouche : à l'ouverture du service du soir, les deux salles sont souvent pleines en quelques minutes.

Adresse 13 rue Bavastro, 06300 Nice, www.chezpipo.fr | Transports en commun Tram 1, arrêt Garibaldi | Horaires d'ouverture Du mercredi au dimanche de 11 h 30 à 14 h 30 et de 17 h 30 à 22 h (aussi le mardi de juillet à septembre) | À savoir Pour en savoir plus sur les traditions culinaires niçoises, faites appel à un *greeter*, un bénévole passionné par sa ville qui souhaite la faire (re)découvrir à travers des thématiques dédiées (www.nicecotedazur-greeters.com).

27__Choco Mon Amour

Du chocolat aux vins de Bellet

Prenez un peu de chocolat, ajoutez-y beaucoup d'amour et d'imagination, mélangez le tout et vous obtiendrez la chocolaterie Choco Mon Amour. Née d'une rencontre entre deux passionnés – Sara, une ancienne professeure de français, et Xenophon, un artisan-pâtissier grec venu se former en France –, la chocolaterie située sur les collines de Bellet a vu le jour en 2014.

Dans son atelier, Xenophon ne travaille que du chocolat de très belle qualité. Pour varier les plaisirs, il part souvent à la recherche de spécialités du monde, comme le chocolat fumé, et diversifie les assemblages de cacao pour créer une gamme de chocolats gourmands. Mendiants, ganaches, tablettes, pâtes à tartiner... la collection séduira toutes les papilles, de l'amateur de chocolat noir intense au fan inconditionnel de chocolat blanc ou de praliné. Avec Sara, il a aussi eu l'idée de créer des recettes uniques à partir de saveurs locales, pour des accords inattendus. Ainsi est né le ChocOvin, un chocolat au vin de Bellet, élaboré avec quatre grands vins de l'appellation : la cuvée blanche du château de Bellet, la cuvée rosée du domaine de la Source, la cuvée rouge du clos Saint-Vincent et la branda du domaine Saint-Jean-Bellet. Le chocolatier et les vignerons ont souhaité allier leurs savoir-faire en proposant des bonbons au juste équilibre entre chocolat et vin. Le résultat est aussi surprenant que délicieux !

En poursuivant cette démarche de soutien aux producteurs locaux, le couple a aussi imaginé le Choco Montagnard, des chocolats élaborés avec de la crème de marrons d'Isola ou du miel de lavande de Caille, et le Choco Rhum, avec du rhum local, le Tue Diable. Bien d'autres spécialités régionales sont mises en avant dans les créations chocolatées de Choco Mon Amour. On y trouve même une pâte à tartiner au citron de Menton. Et pour rendre hommage à la culture niçoise, vous pourrez déguster à l'occasion des fêtes de fin d'année des papillotes artisanales dans lesquelles se trouvent des proverbes niçois.

Adresse 251 route de Canta-Galet, 06200 Nice, www.chocomonamour.fr | Transports en commun Bus 43/62, arrêt Canta-Galet | Horaires d'ouverture Du lundi au samedi de 9 h à 18 h | À savoir Toute l'année, la chocolaterie propose des ateliers en petits groupes ouverts à tous pour découvrir la fabrication de tablettes, de mendiants, de bonbons en chocolat ou encore de pièces chocolatées.

28 Le cimetière chrétien du Château

Avez-vous vu les ratapignatas ?

En marge de la belle balade à faire sur la colline du Château, n'hésitez pas à aller vous perdre dans les allées du cimetière chrétien attenant. En ces lieux paisibles, qui offrent un point de vue incroyable sur la baie des Anges, se dévoilent des tombes plus belles les unes que les autres. L'histoire du cimetière débuta en 1783, quand le roi Victor-Amédée III interdit l'inhumation des défunts dans les églises et autorisa l'installation d'un cimetière en dehors de la ville. La colline du Château, inutilisée depuis 1706, constituait alors le terrain idéal. Au XIXe siècle, on y adjoignit un cimetière juif, puis un cimetière protestant.

Dans le cimetière, qui réunit religions et classes sociales, se mêlent tous les styles architecturaux : néo-classique (pour les tombes les plus anciennes), baroque, néo-gothique, ligure ou encore égyptien. Certains tombeaux sont criants de réalisme, avec des bustes ou des médaillons sculptés représentant les défunts. On y rencontre également des deuillantes sculptées qui ne laissent pas de marbre tant leurs yeux expriment la souffrance, et parfois de véritables œuvres d'art, à l'instar de la statue de la tombe Lambert sculptée en un bloc par Victor Ségoffin, récompensé du grand prix de Rome. Il y a des tombes magistrales, voire théâtrales, comme celle de la famille Grosso et son ange ; étranges, comme le tombeau Gastaud d'où les mains du défunt s'échappent ; ou émouvantes, comme la tombe Piré, représentant une femme tentant de retenir son enfant. D'autres enfin peuvent prêter à sourire, comme le tombeau Martin avec ses grands pieds.

Toutes les stèles sont ornées de symboles : l'ancre, signe d'espérance; la fleur de pavot ou la pomme de pin, signes de renaissance… Certains motifs sont plus inattendus, comme des chouettes, des ouroboros et des chauves-souris. Le tombeau de la famille Gautier, situé dans l'allée Bavastro, est ainsi orné de *ratapignatas*, « chauve-souris » en niçois. Un symbole de longévité ou un clin d'œil à la culture locale ?

Adresse Allée François-Aragon, 06300 Nice | Transports en commun À pied depuis le Vieux-Nice en passant par la rue Rossetti puis la montée du Château ou depuis le quai des États-Unis par les escaliers Lesage ou l'ascenseur | Horaires d'ouverture Tous les jours de 8 h 30 à 18 h | À savoir Pour compléter votre visite, n'hésitez pas à consulter le magnifique ouvrage réalisé par Jacqueline Cuvier avec la collaboration de Yannick Arnolfo, *L'Art funéraire à Nice, une histoire remarquable, un patrimoine méconnu.*

29 Le cinéma Idéal

Classé X

Nice et le cinéma connaissent une belle histoire d'amour. La ville peut s'enorgueillir d'avoir compté près de 80 lieux de projection cinématographique, de l'arrière-salle d'une brasserie au sous-sol d'une église, en passant par des salles de plus de 1 000 fauteuils. Si la majorité des cinémas de quartier a aujourd'hui disparu, laissant la place à de grands groupes, il reste de précieux témoignages de cette époque où le 7e art faisait fureur.

Un des plus beaux exemples se situe non loin de l'avenue Jean-Médecin, juste en face de l'église orthodoxe russe Saint-Nicolas-et-Sainte-Alexandra. Aujourd'hui, le bâtiment accueille une agence de voyages, mais hébergeait un cinéma il y a une vingtaine d'années encore. En levant les yeux au ciel, vous pourrez admirer une jolie façade colorée, magnifiquement restaurée, d'inspiration Art nouveau et Art déco, sur laquelle est gravée l'enseigne « Idéal / Cinéma – Théâtre ». On peut y voir quatre pilastres cylindriques, ainsi que des niches dans lesquelles sont installés des masques antiques. C'est tout ce qu'il reste du cinéma Idéal, qui a définitivement fermé ses portes en 2000, après près d'un siècle d'exploitation.

Celui-ci a connu plusieurs vies depuis son ouverture en 1907 : à l'origine, il était un cinéma-théâtre de 500 places édifié dans le jardin de la maison Cotta selon les plans de l'architecte niçois Henri Durante, et réunissait salle de cinéma et boutiques. En 1927, l'entrée de la salle se faisait par la petite rue Longchamp perpendiculaire, au n° 9 précisément. L'ancienne façade devint alors la sortie de secours.

En 1934, le cinéma fut rebaptisé Studio 34, en référence au Studio 28 créé à Paris quelques années plus tôt. On y projetait des films d'action et fantastiques, ainsi que des films d'art et d'essai. Puis dans les années 70, le cinéma se spécialisa dans le cinéma pornographique, jusqu'à la fermeture de l'établissement. Et ce, même en ayant une église pour voisine…

Adresse 4 rue Maréchal-Joffre, 06000 Nice | Transports en commun Tram 2, arrêt Jean-Médecin | À savoir En marge des grandes enseignes de cinéma, le cinéma indépendant Variétés résiste encore et toujours à l'envahisseur ! Situé sur le boulevard Victor-Hugo, il possède sept salles, restées dans leur jus (5 boulevard Victor-Hugo, 06000 Nice, www.cinemavarietes.fr).

30 La cité des Aveugles

Un rescapé du Titanic au secours des aveugles

Certaines destinées sont hors du commun, à l'image de celle de Samuel Goldenberg. L'histoire de ce riche entrepreneur américain, éleveur de bouledogues, a basculé dans la nuit du 14 avril 1912 lors du naufrage du Titanic, alors qu'il se trouvait à bord avec son épouse Nella. Le couple, qui vivait à Villefranche-sur-Mer, avait embarqué sur le géant des mers quelques jours plus tôt, à Cherbourg, pour faire partie du jury pour le concours du French Bulldog of America à New York. Heureusement, le couple Goldenberg fit partie des 700 rescapés de l'accident. Des journaux ont même prétendu que Samuel était le seul à avoir gardé sa valise !

Les Goldenberg gagnèrent Nice pour se remettre de la catastrophe, mais le traumatisme fit perdre progressivement la vue à Samuel. Il se promit que s'il la recouvrait, il consacrerait son temps à aider les aveugles. Samuel Goldenberg fut soigné à Nice par des médecins de l'hôpital Pasteur et, contre toute attente, se remit complètement. Avec sa nouvelle épouse, la comtesse Edwige Garbowska, rencontrée après le départ de sa femme, il fonda en 1923 le Flambeau franco-américain, un hospice d'accueil pour soigner gratuitement les malades des yeux. Le projet prenant de l'ampleur, la Ville de Nice leur céda des terrains situés dans le quartier de Valrose pour 1 franc symbolique. Le couple fit construire la cité des Aveugles pour les familles de soldats ayant perdu la vue pendant la guerre. Pas moins de 16 villas sortirent de terre, installées entre les actuelles avenues Maréchal-Maunoury et Goldenberg-Garbowska. La cité fut immortalisée par un monument toujours en place, sur lequel on peut apercevoir un soldat aveugle et son guide.

Sur place, la vie s'organisait en une communauté de non-voyants qui n'échangeaient qu'en braille et qui apprenaient certains métiers : canneur de chaises, accordeur de pianos… Le couple fonda également, en 1928, un dispensaire gratuit pour les malades des yeux, rue Jules-Gilly. L'association fut reconnue d'utilité publique en 1930.

Adresse 75 avenue Valrose, 06000 Nice | Transports en commun Tram 1, arrêt Valrose-Université | À savoir À l'arrêt Valrose-Université, dans le square Doyen-Lépine, ne manquez pas l'œuvre *Le Confident*, en anneaux d'aluminium et perles de verre, signée Jean-Michel Othoniel. Ses œuvres monumentales sont présentes aux quatre coins de la France.

31 Les clairoirs

Une climatisation écologique

Depuis quelques années, les étés deviennent de moins en moins supportables à Nice. Quand la chaleur s'abat sur la ville, il n'y a pas d'autre solution que de fermer portes et fenêtres et de se cloîtrer chez soi. Pour ceux qui sont équipés d'une climatisation, la situation reste vivable. Pour les autres, il faut prendre son mal en patience et attendre la nuit tombée pour mettre le nez dehors et se rafraîchir au bord de la mer – sauf pendant les vagues de canicule, malheureusement.

Durant ces périodes, les Niçois aiment aussi se réfugier dans le Vieux-Nice. Les ruelles étroites et les bâtiments hauts qui caractérisent le quartier permettent en effet à l'air frais de circuler plus facilement. En réalité, cet agencement n'est pas dû au hasard : les bâtisseurs de jadis ont eu l'idée ingénieuse d'utiliser les mouvements naturels des masses d'air et des vents marins pour climatiser la vieille ville. Lorsque vous vous promenez dans les rues, vous remarquerez aussi que de nombreuses portes d'immeubles sont surmontées d'ouvertures grillagées appelées « clairoirs ». Ces éléments ont en réalité une fonction bien précise : ils servent de cheminée naturelle pour permettre à l'air frais de circuler dans les immeubles. Les volets niçois, dotés d'un clapet entrebâillé vers la ruelle, constituent quant à eux une prise d'air qui permet à l'air frais de s'engouffrer dans le corridor et les pièces d'habitation.

Grâce à ce système bioclimatique, les courants d'air circulent dans les immeubles du Vieux-Nice et contribuent à les rafraîchir naturellement. Cet agencement a d'ailleurs été mis en avant dans le dossier de candidature de Nice au patrimoine mondial de l'Unesco, soulignant l'importance de cette technique traditionnelle pour la ville et sa culture. Ainsi, les clairoirs et les volets niçois ne sont pas seulement des éléments décoratifs, mais constituent une partie importante de l'héritage architectural. Dommage, en revanche, qu'un grand nombre d'entre eux ait été condamné ou supprimé…

Adresse Vieux-Nice, 06300 Nice | Transports en commun Tram 2, arrêt Cathédrale – Vieille-Ville ou Opéra – Vieille-Ville | À savoir Au XIXe siècle, la vieille ville de Nice était surnommée « Babazouk ». Ce nom lui aurait été donné par un certain Franceschin, qui aurait vécu dans le quartier arabe d'El Bazoum à Alger. Revenu à Nice, il aurait surnommé « Babazoum » le quartier où il tenait une buvette, parce qu'il était aussi malpropre que le quartier d'où il venait.

32 La colonne du Pape

Un symbole de résistance et de liberté

Il est fréquent de passer à côté d'édifices sans les remarquer. La colonne du Pape en est un exemple frappant. Érigée le 4 septembre 1823, elle commémore pourtant les deux brefs séjours du pape Pie VII à Nice.

Le premier eut lieu du 7 au 9 août 1809, alors que le pape était en exil. Les troupes de Napoléon Ier l'avaient kidnappé dans son palais du Quirinal pour le conduire à Fontainebleau, fief de l'empereur. Un passage supposément incognito en pays niçois était alors nécessaire. Mais peu de temps avant son arrivée, la rumeur de la venue papale atteignit les oreilles de la population, qui organisa une grande cérémonie en son honneur. On lui prépara une chambre à l'hôtel de la préfecture, depuis laquelle il bénit la foule avant de reprendre la route.

Le second séjour se déroula dans un contexte différent, quelques mois avant l'effondrement de l'Empire. Le pape venait d'être libéré après 5 ans d'emprisonnement et avait entrepris un voyage à travers la France. Il vint à Nice du 9 au 11 février 1814 et là encore, la nouvelle de son séjour se répandit. La foule afflua des quatre coins du pays et on organisa des processions. Ce fut un moment fort, car il symbolisait la réconciliation entre l'Église catholique et la France après des années de conflit sous le régime de Bonaparte.

Classée au titre des monuments historiques en 1906, la colonne du Pape compte deux particularités. La première : les armoiries qui y figurent ne sont pas les armoiries de dignité de Pie VII, mais ses armoiries familiales. La seconde singularité : la croix que l'on distingue sur la colonne est une croix de Lorraine, avec deux branches horizontales et une branche inférieure plus longue que la supérieure. Hasard ou coïncidence, cette croix est devenue le symbole de la Résistance française et de la liberté depuis que Charles de Gaulle l'a choisie comme emblème pendant la Seconde Guerre mondiale.

Adresse Place de la Croix-de-Marbre, 06000 Nice | Transports en commun Tram 1, arrêt Masséna | À savoir Juste en face de la colonne du pape, ne manquez pas la croix de Marbre. Celle-ci célèbre la paix de Nice, ratifiée le 18 juin 1538 entre Charles Quint et François Ier, qui mit fin à la huitième guerre d'Italie. La croix fut brisée et remplacée plusieurs fois, mais les piliers sont d'origine.

33 Le coup de canon de midi

Pour remettre les pendules à l'heure

Chaque jour à midi pile, le bruit d'un coup de canon retentit depuis la colline du château, faisant tressaillir toute la ville. Même s'il rythme le quotidien des Niçois, il n'en reste pas moins surprenant ! Son histoire est vieille de 160 ans. Un certain Sir Thomas Coventry, lord anglais et ancien colonel de l'armée française, venait passer ses hivers à Nice en compagnie de son épouse. Le couple s'installait alors dans les appartements de l'hôtel Chauvain, devenu l'hôtel Aston La Scala.

La légende raconte que sa chère et tendre, un peu trop bavarde, tardait souvent à rentrer de sa promenade, ce qui obligeait monsieur à patienter avant de déjeuner. Ce dernier chercha alors une solution pour rappeler son épouse à ses obligations. Comment ? En faisant tirer un coup de canon à midi pile afin de lui signifier qu'il était l'heure de rentrer ! Pour ce faire, le lord utilisait le toit-terrasse de l'hôtel où il avait installé – entre autres – un *time ball*. Ce système était constitué d'une large boule rouge hissée sur un mât noir cinq minutes avant l'heure. Elle retombait à midi, donnant ainsi le signal à un employé municipal d'allumer la mèche sur la colline du Château. Le coup de canon résonna pour la première fois le 21 décembre 1863.

Mais derrière ce mythe se cache une tout autre histoire. En réalité, ce même Thomas Coventry était passionné d'astronomie et collectionnait les montres et les horloges. Alors que de 11 h 30 à 12 h 30, plus de 50 cloches sonnaient à des horaires différents dans toute la ville, il souhaitait que tous les Niçois soient à la même heure pour éviter ce chaos. Il eut donc l'idée de ce coup de canon pour les mettre d'accord. Quand le lord quitta la Côte d'Azur, les coups de canon s'arrêtèrent, laissant les habitants désorientés. En novembre 1885, un arrêté municipal remis en vigueur *lou canoun de miejour*, le canon ayant été remplacé par une bombe d'artifice.

Adresse Vous entendrez le coup de canon à midi pile où que vous soyez dans Nice | À savoir Hasard ou coïncidence, le restaurant de l'hôtel Aston La Scala a été baptisé L'Horloge ! Il propose une cuisine fraîche et de saison de 7 h à 22 h (12 avenue Félix-Faure, 06000 Nice, www.hotel-aston.com).

34 La crypte de Nice

Dans les entrailles de la ville

Quand vous traversez la mythique place Garibaldi en direction du Vieux-Nice, vous foulez cinq siècles d'histoire. Et pas des moindres. Cette histoire, c'est celle de la crypte de Nice, une immense salle souterraine de 2 000 mètres carrés qui a été découverte en 2006 pendant les fouilles archéologiques de la première ligne du tramway. Pas moins de 7 années d'aménagements ont alors été nécessaires pour que ce site historique ouvre ses portes au public en 2013. Réalisées par l'Institut national de recherches archéologiques préventives (Inrap) et le service d'archéologie Nice – Côte d'Azur, les fouilles ont été effectuées en deux étapes : à l'air libre, puis, après la pose des poutres supportant la ligne du tramway, sous une dalle en béton. En 8 mois, la totalité des vestiges a été mise au jour.

Comparable à celle du Louvre à Paris, notamment pour son intérêt historique et patrimonial, la crypte de Nice est l'une des plus belles découvertes architecturales et son état de conservation est remarquable. Elle s'étend entre la place Jacques-Toja, le boulevard Jean-Jaurès et le sud de la place Garibaldi, à plus de 6 mètres de profondeur. Tel un voyage dans le temps, la crypte nous transporte dans les entrailles de la ville entre le XIVe et le XVIe siècle. Les fouilles archéologiques ont en effet permis de mettre en lumière des vestiges d'un ensemble fortifié installé autour de la porte Pairolière, érigée à l'époque des comtes de Provence. Par la suite, ces fortifications connurent des transformations sous l'impulsion des ducs de Savoie. En 1706, Louis XIV ordonna la destruction des ouvrages militaires, éléments centraux dans la défense du comté de Nice, qui tombèrent dans l'oubli pendant trois siècles.

Classée au titre des monuments historiques, la crypte se visite uniquement sur réservation. Une passerelle métallique dotée d'une main courante en bois et d'un éclairage LED permet d'admirer les vestiges en surplombant le site. Une plongée inédite au cœur de l'histoire de Nice.

Adresse Place Jacques-Toja, 06300 Nice | Transports en commun Tram 1, arrêt Garibaldi | Horaires d'ouverture Le mercredi, le samedi et le dimanche à 14 h, 15 h et 16 h sur réservation | À savoir Rendez-vous chaque troisième samedi du mois de 7 h à 18 h sur la place Garibaldi pour une vente au déballage qui ravira les amateurs de bonnes affaires et de petits prix.

35 Crystal Emoi

L'antre des pierres fines et cristaux

On ne peut s'imaginer que l'ancienne loge du gardien du palais Grimaldi, situé à quelques minutes à pied du centre-ville et construit au milieu du XIXe siècle, abrite un lieu inattendu, où pierres et cristaux sont rois. En effet, c'est dans ce bel immeuble que Crystal Emoi, un cabinet de lithothérapie créé par Sylvie Bouchet, a pris ses quartiers. Ancienne directrice de la communication d'un grand groupe de médias au Gabon, Sylvie Bouchet a découvert la lithothérapie – une approche holistique basée sur l'influence subtile des minéraux sur les émotions – par hasard. Elle a bien vite été charmée par cette pratique unique et a démissionné de ses fonctions pour ouvrir son cabinet à Nice.

Quand on pénètre dans son atelier, le brouhaha de la ville s'estompe. Comme dans un musée, la pièce principale est garnie d'une multitude de pierres et de cristaux venus du monde entier. Améthyste, cornaline, aventurine, citrine, pyrite, quartz rose, tourmaline… elles ont toutes les formes et toutes les couleurs. Mais pas d'inquiétude : il n'est pas nécessaire d'être un expert pour franchir la porte de Crystal Emoi. Sylvie est là pour vous guider afin de trouver la pierre qu'il vous faut.

Pour aller plus loin, elle propose des séances de lithothérapie pour harmoniser les énergies et prendre conscience de ses blocages émotionnels afin de les dépasser. Ces séances se déroulent dans la pièce d'à côté, sous de belles voûtes, où tout respire l'apaisement. De-ci de-là, de petits anges prennent la pose. On prend place sur une table de massage. Sylvie choisit alors des pierres spécifiques qu'elle vient disposer sur les endroits clés du corps. Il suffit de fermer les yeux et de laisser venir les émotions et les images… un peu comme dans un rêve. À la fin de la séance, Sylvie explique les vertus et les effets de chaque pierre qu'elle a choisie. Bluffant. L'impression de passer l'âme au scanner. Ici, pas besoin de médicaments pour soulager les maux, on repart allégé de nos peines et de nos inquiétudes.

Adresse 5 rue Grimaldi, 06000 Nice | Transports en commun Tram 1, arrêt, Masséna ; Tram 2, arrêt Jean-Médecin | Horaires d'ouverture Le lundi de 14 h à 19 h, du mardi au vendredi de 10 h 30 à 19 h et le samedi de 10 h 30 à 17 h 30. Séances sur rendez-vous | À savoir De style néo-classique, le palais Grimaldi a été édifié en 1859 par Édouard Corinaldi et mérite que l'on s'y attarde. Il a notamment été le siège du célèbre cercle niçois L'Artistique de 1905 à 1910. De prestigieux concerts, de grands dîners, des pièces de théâtre et des expositions y étaient organisés avant que le cercle ne déménage sur le boulevard Dubouchage (voir chap. 4).

36 Le domaine Valrose

Mélissa sur le lac

Avant de devenir le siège d'Université Côte d'Azur et de la faculté des sciences, le domaine de Valrose était l'une des propriétés les plus grandioses de la Riviera. Le baron von Derwies, magnat des chemins de fer russes, fit bâtir cette demeure aux abords de Cimiez entre 1867 et 1870. Il confia l'édification à David Grimm, un architecte travaillant pour la cour impériale de Russie, à qui l'on doit la chapelle du Tsarévitch à Nice (voir chap. 64). En un temps record, le château de Valrose, mélange de style néo-gothique et de Renaissance italienne, son théâtre privé et un autre petit château virent le jour sur un domaine de 10 hectares.

C'est au paysagiste Joseph Carlés – aussi à l'origine des jardins du casino de Monaco – que fut confiée la conception du magnifique jardin. À l'image de la bâtisse, celui-ci mélange les styles. D'inspirations française et anglaise, il fait la part belle aux arbres remarquables et aux essences rares : ginkgos, yuccas, glycines, eucalyptus, citronniers, orangers, micocouliers… et même des palmiers, que Carlès fit venir de Florence. Une centaine de jardiniers était apparemment nécessaire pour s'occuper des lieux. Le jardin est agrémenté de nombreuses pièces ornementales, de grottes, de petites cascades, de fausses ruines antiques et d'un lac, peuplé à l'époque de carpes et de cygnes. On y trouve également une véritable isba, transportée en pièces détachées par bateau depuis Odessa puis montée sur place.

Romantique à souhait avec ses trois ponts de rocaille bordés de rosiers grimpants, le lac accueille un petit kiosque, où la nymphe Mélissa rend hommage à l'abondance de la nature. Réalisée en fonte d'après Pierre Julien, prix de Rome en 1768, la sculpture *La chèvre Amalthée et la nymphe Mélissa* est une allégorie renvoyant à une nature prolifique. Avant de rejoindre le théâtre du château pour assister à des concerts, les invités, dont la reine Victoria, aimaient se promener dans le parc. C'est en 1965 que Valrose fut reconverti en université.

Adresse 28 avenue Valrose, 06100 Nice | Transports en commun Tram 1, arrêt Valrose-Université | À savoir Pour visiter le site, deux dispositifs sont proposés : des visites du parc en partenariat avec le centre du patrimoine de la Ville de Nice dans le cadre des balades patrimoniales et des visites prestige proposées sur demande (univ-cotedazur.fr/patrimoine/visitez).

37 L'église Sainte-Jeanne-d'Arc

L'art du cinéma

Située dans le quartier Saint-Lambert, l'église Sainte-Jeanne-d'Arc ne passe pas inaperçue ! Classée monument historique et labellisée « Patrimoine du XXe siècle », cette église est un symbole fort de réconciliation entre l'Église et l'État dans les années 20. Entièrement réalisée en béton armé, elle dévoile trois dômes elliptiques de 24 mètres de haut, ceinturés de huit dômes plus petits. Le tout repose sur quatre piliers libres de 300 tonnes chacun. Du jamais vu. D'ailleurs, ses 11 coupoles auraient dû être recouvertes de plaques de cuivre, mais, faute d'argent, elles sont restées brutes et ont été repeintes en blanc. Son clocher, quant à lui, est le plus haut de Nice et n'est pas surmonté de la traditionnelle croix, mais d'une épée : celle de Jeanne d'Arc.

La première pierre de l'église fut posée en janvier 1914. À l'origine, le chantier était celui de l'église Saint-Lambert, de style conventionnel. Mais le manque d'argent et la Première Guerre mondiale vinrent interrompre le projet peu de temps après la construction de la crypte. Les travaux reprirent en 1924 sur les fondations de la première église, mais avec les plans novateurs de l'architecte Jacques Droz, qui lui adjoignit une seconde crypte. En 1934, la veille de Noël, l'église Sainte-Jeanne-d'Arc fut bénie et dévoilée au public, surpris de découvrir un tel édifice. Plus surprenant encore, un cinéma familial fut installé dans les cryptes, qui servirent d'abri antiaérien lors de la Seconde Guerre mondiale. La paroisse les transforma ensuite en salle de projection et de théâtre pour la jeunesse, avant qu'un autre cinéma, le cinéma Jeanne-d'Arc, soit inauguré en 1949. Ce dernier fonctionna jusqu'en 1976.

Au fil du temps, les espaces furent plus ou moins laissés à l'abandon. C'est en 2001 seulement qu'ils furent aménagés pour accueillir les archives diocésaines. Plus tard, elles furent agrandies, et un espace culturel fut inauguré en octobre 2020 : le Centre diocésain d'art sacré. Du 7e art à l'art sacré, il n'y a qu'un pas !

Adresse 86 avenue Saint-Lambert, 06100 Nice | Transports en commun Tram 1, arrêt Borriglione | Horaires d'ouverture Le mardi et le jeudi de 9 h à 12 h, le mercredi, le samedi et le dimanche de 9 h à 12 h et de 15 h à 19 h | À savoir Le Centre diocésain d'art sacré a pour mission la conservation et la valorisation des collections appartenant au diocèse en matière d'orfèvrerie, de paramentique (vêtements liturgiques) et d'objets liés au culte (7 rue Charles-Péguy, 06100 Nice, visites sur rendez-vous sur cdas@nice.catholique.fr).

38 L'église Sainte-Rita

Rita, une locataire pas comme les autres

L'église de l'Annonciation est l'une des plus anciennes de la ville. Elle aurait été édifiée en l'an 900 et devait, au départ, être dédiée à l'apôtre Jacques le Majeur, mais le destin en décida autrement. Un incendie se déclara dans le bâtiment en 1834 et détruisit le grand tableau de l'abside, remplacé par un tableau représentant l'Annonciation, une œuvre du peintre russe K.A. Chevelkine – l'église fut alors dédiée à l'Annonciation !

Mais à Nice, peu de gens l'appellent par son titre officiel : la plupart la connaissent sous le nom « d'église Sainte-Rita », bien que seule une chapelle lui soit consacrée. Cette chapelle a fait basculer le cœur des Niçois en 1934. Cette année-là, une habitante du Vieux-Nice perdit une boucle d'oreille sur la place Masséna. La pauvre dame en parla à son curé, Andrea Bianco, un prêtre italien alors recteur de l'église de l'Annonciation. Ce dernier lui conseilla d'invoquer, comme en Italie, la sainte des causes perdues : sainte Rita de Cascia.

L'habitante promit dévotion à la sainte si elle retrouvait son bijou, ce qui arriva le lendemain. En remerciement, elle fit un voyage à Turin pour rapporter une statue de la sainte. Celle-ci fut installée dans la première chapelle à gauche en entrant dans l'église, déjà occupée par la Madone des Sept Douleurs. Un changement qui n'était pas du goût de tous, puisque Rita était une inconnue dans la vie religieuse locale. On raconte même que le père Bianco installa la statue italienne en pleine nuit ! L'histoire du bijou commença à se répandre, et les habitants à venir prier et fleurir la chapelle nouvellement dédiée. Peu à peu, leur dévotion s'amplifia au point qu'en 1955, la *Revue Sainte Rita* fut fondée.

Aujourd'hui, les Niçois vouent un culte sans précédent à leur sainte désormais attitrée. L'église, quant à elle, reçoit chaque année la visite de milliers de touristes, mais aussi des prières par mail et par courrier… ainsi que des témoignages de miracles.

Adresse 1 rue de la Poissonnerie, 06300 Nice, www.sainte-rita.net | Transports en commun Tram 1, arrêt Cathédrale – Vieille-Ville ou Opéra – Vieille-Ville | Horaires d'ouverture Du lundi au samedi de 7 h à 12 h et de 14 h 30 à 18 h, le dimanche et jours fériés de 8 h à 12 h et de 15 h à 18 h | À savoir L'artiste Yves Klein vouait un culte sans précédent à sainte Rita. Il réalisa plusieurs pèlerinages à Cascia pour l'implorer lors de moments difficiles durant sa carrière. Il lui dédia même un ex-voto, qui fut découvert après sa mort.

39 L'espace Lympia

L'ancien bagne transformé en espace culturel

L'espace Lympia, installé tout au bout du quai Entrecasteaux, organise régulièrement des expositions de photographie, de sculpture, de peinture ou encore de dessin. Depuis son ouverture en 2017, le lieu a accueilli les travaux de grands noms du monde artistique, dont Alberto Giacometti, Raymond Depardon, Patrick Moya, Raph Gatti ou encore Louis Pons. Mais avant de devenir un lieu consacré à la culture, l'espace Lympia avait une fonction bien différente. En effet, il est installé dans un ensemble architectural composé de deux bâtiments historiques : le pavillon de l'Horloge et l'ancien bagne.

L'histoire du site débuta en 1750 avec le creusement du port décidé un an plus tôt par le roi Charles-Emmanuel III. Un môle – que les Niçois surnommaient « *lou barri lonc* » – fut alors construit pour fermer l'accès à la zone et abriter des magasins de carénage où entreposer l'outillage utilisé pour les travaux. Le chantier était titanesque et requérait une importante main-d'œuvre. Pour la fournir à moindres frais, on installa un bagne à proximité ; les forçats – les *galerotou* en niçois – ainsi que des esclaves représentaient le plus gros des effectifs des travailleurs. Ce sont ces hommes qui ont construit le port en ramenant les blocs de pierre issus de la carrière de la colline du Château.

Au sein du bagne, les conditions de vie étaient effroyables pour les prisonniers, considérés comme de simples numéros par l'administration piémontaise puis française. Ils étaient marqués au fer chaud sur l'épaule droite : un « T » pour les condamnés à une peine limitée dans le temps ou « TP » pour les condamnés à perpétuité. Les parasites pullulaient et les maladies comme la tuberculose, la dysenterie ou le choléra étaient monnaie courante. Au tout début du XIXe siècle, les soldats français transformèrent les lieux en bagne militaire. Peu après l'annexion du comté de Nice, le bagne devint une prison pour les peines de courte durée et ce, jusqu'en 1887. L'établissement pénitentiaire fut alors aménagé en caserne.

Adresse 2 quai Entrecasteaux, 06300 Nice | Transports en commun Tram 2, arrêt Port-Lympia | Horaires d'ouverture De septembre à juin, du mercredi au dimanche de 10 h à 17 h ; en juillet et août, du mercredi au dimanche de 10 h à 21 h | À savoir Il n'y avait pas toujours de cohérence entre le crime et la sanction des forçats. Par exemple, un voleur de poules était condamné à 3 ans de travaux forcés. D'autres, qui étaient jugés pour oisiveté, vagabondage ou libertinage, encouraient jusqu'à 5 ans de galère, parfois plus !

40 La façade du palais Baréty

La maison aux Bœufs

Les façades des immeubles de Nice ne manquent parfois pas d'originalité. C'est le cas du palais Baréty, classé monument historique depuis 1994. Cet imposant édifice situé à l'angle des rues du Maréchal-Joffre et Baréty a été construit entre 1896 et 1897 à la demande d'un illustre médecin, le docteur Alexandre Baréty.

Originaire de Puget-Théniers, issu d'un milieu modeste, il fut le premier Niçois à occuper le poste d'interne aux hôpitaux de Paris, en 1869, et l'un des tout premiers praticiens modernes de Nice. En 1904, il fonda l'Acadèmia Nissarda, dont il devint le premier président, et reçut même la charge de conseiller municipal. Féru d'art, il écrivit plusieurs articles historiques et archéologiques et, fait rare, s'intéressa au magnétisme animal, qui consistait à soigner des malades par l'action d'un magnétiseur. On doit notamment au médecin des études climatologiques sur la région, un inventaire des voies romaines et des vestiges de Rome dans les Alpes-Maritimes, une étude sur les anciens couvents et abbayes, des enquêtes sur les fours ou encore sur les peintures des primitifs niçois.

Pour édifier son palais, il confia la tâche à l'architecte Lucien Barbet, également créateur du collège Vernier. Ce dernier, souhaitant mettre en avant la réussite sociale de son client, n'y alla pas de main morte en imaginant cet immeuble au style éclectique doté de détails que l'on ne perçoit pas au premier coup d'œil, comme les colonnes à base hexagonale. Mais le plus surprenant, ce sont ses façades austères composées de pierres taillées à bossage qui contrastent avec le balcon périphérique et sa frise colorée. Le balcon, qui file de part et d'autre du bâtiment, présente une particularité : il est supporté par des têtes de bœufs – 50 au total – installées deux par deux. Ces têtes ont donné lieu à de nombreuses interprétations toutes aussi facétieuses les unes que les autres – en réalité, elles seraient là pour rappeler les origines paysannes de la famille du docteur Baréty.

Adresse 31 rue du Maréchal-Joffre, 06000 Nice | Transports en commun Tram 2, arrêt Jean-Médecin | À savoir Non loin du palais Barété, ne manquez pas l'église anglicane, également appelée « Holy Trinity Church ». Elle marque le passage des touristes britanniques sur la Côte d'Azur. Son petit cimetière attenant compte encore quelques tombes visibles, qui accueillent uniquement d'anciens membres de la communauté britannique (11 rue de la Buffa, 06000 Nice).

41 Fanfan & Loulou

Du jaja naturel sur des airs seventies

Des bars à vin, à Nice, il y en a pléthore ! Mais des établissements comme celui de Fanfan et Loulou, il n'y en a pas deux ! Impossible de manquer la devanture funky et colorée de ce petit troquet ouvert à l'initiative de deux jeunes talents : Fanny et Louis. Elle est Auvergnate, lui Varois. Passionnés de vin, ces écologistes dans l'âme se sont lancés dans cette aventure à l'issue du premier confinement. À cette époque, les deux jeunes gens souhaitaient mettre en place un nouveau service à Nice : la livraison de vin en vélo cargo électrique, partout dans la ville. Mais pas n'importe quels vins : des vins naturels et vivants, c'est-à-dire vinifiés sans intrants chimiques et issus de domaines engagés et labellisés. Le cœur et le palais des Niçois furent conquis ! Forts de leur succès, Fanny et Louis transformèrent l'essai et ouvrirent leur cave et bar à vin 2 ans plus tard.

Quand on passe la porte d'entrée, on se retrouve propulsé dans un univers *sixties* et *seventies*. Le moindre objet a été chiné, de la tasse à café au papier peint, en passant par les tables ou l'incroyable canapé avec lecteur de cassettes intégré – un véritable retour au Space Age. Rien n'a été laissé au hasard ! On y trouve même une authentique boule à facettes et une platine vinyle.

L'accueil est chaleureux, comme à la maison. Et les vins, toujours fidèles au concept initial – naturels, non industrialisés et d'origine contrôlée –, proviennent des quatre coins de la France et d'ailleurs. En moyenne, 70 références sont proposées. Servies à la bouteille ou au verre, les quilles se déclinent dans toutes les couleurs : blanc, rouge et rosé. Pour régaler encore plus les papilles, Fanfan et Loulou propose aussi une carte de fromages et de salaisons du Cantal.

Mais le plus important c'est qu'ici, pas de chichis ni de complexes ! Pas besoin d'être fin connaisseur pour boire un canon. Il suffit de se laisser porter et de profiter de sa soirée au son de la musique rétro !

Adresse 5 rue Lascaris, 06300 Nice, www.fanfanetloulou.com | Transports en commun Tram 2, arrêt Port-Lympia | Horaires d'ouverture Tous les jours sauf le mercredi et le jeudi de 11 h à 23 h 30 | À savoir Après les vins vivants, la pâtisserie vivante ! C'est la spécialité de Mélanie, de Méla Pâtisserie Vivante, qui concocte des pâtisseries bios, saines et gourmandes en respectant le rythme des saisons. À déguster sur place ou à emporter (17 bis rue Bavastro, 06300 Nice).

42 La fontaine pour les animaux

Pour l'amour des bêtes

Élue ville la plus *dog friendly* de France par le célèbre magazine *30 Millions d'amis,* Nice a mis en place le label « Pet Friendly » pour valoriser les restaurants, les hébergements et les activités où les compagnons à quatre pattes sont les bienvenus. Ces derniers ont même leur propre mascotte : la sculpture de Totor, réalisée par l'artiste niçois Stéphane Bolongaro, et dont on trouve des répliques aux quatre coins de la ville.

L'amour de Nice pour les bêtes ne date pas d'hier. En prenant le temps d'observer les fontaines qui parsèment la ville, vous remarquerez que certaines ne ressemblent pas à des fontaines traditionnelles. Et pour cause. Au début du XIXe siècle, alors que la ville commençait à s'ouvrir au tourisme, l'accès à l'eau courante devint problématique. La municipalité se lança alors dans l'installation de fontaines publiques alimentées par des sources, comme celle de l'Eau-fraîche, située au bas du quartier Pasteur. Les hivernants firent même don de quelques édicules pour les habitants... mais aussi pour les animaux. Si ces derniers n'étaient pas considérés comme des compagnons de vie à l'époque, ils étaient très utiles à la société, et leur bien-être importait.

Ainsi, la reine Victoria offrit une borne-fontaine destinée aux chevaux qui peinaient à monter la colline de Cimiez à la Société protectrice des animaux en 1896. Une fontaine supplémentaire en fonte fut installée sur la place de l'Île-de-Beauté pour les bêtes de trait employées au port. D'autres furent érigées sur le boulevard Maeterlinck et à l'angle de l'avenue Borriglione et de la place de la Libération. Mais la plus belle – et la plus emblématique – est sans nul doute celle offerte en 1901 par la baronne Van Zuylen, située dans le parc de la colline du Château. Elle comporte deux vasques pour les chevaux et quatre petites coquilles pour les chiens. Aujourd'hui, il est rare d'y croiser un cheval, mais le parc reste le paradis des chiens... tenus en laisse !

Adresse Colline du Château, quai des États-Unis, 06300 Nice. La fontaine se trouve à côté du jeu de l'araignée | Transports en commun Par la rue des Ponchettes, à pied, en empruntant l'ascenseur (gratuit) ou l'escalier Lesage. Depuis la rue Rossetti, la montée Monica-Rondelly ou la rue Catherine-Ségurane | Horaires d'ouverture D'octobre à mars de 8 h 30 à 18 h ; d'avril à septembre de 8 h 30 à 20 h | À savoir Pour que votre chien puisse piquer une tête sans risquer de se faire réprimander, la Ville de Nice met à disposition deux plages pour les compagnons à quatre pattes : celle de Carras et celle de Lenval.

43 La fontaine des Tritons

Entre mythe et réalité

À Nice, les clins d'œil à la mythologie grecque sont légion. C'est le cas de la fontaine des Tritons, désormais installée dans le jardin Albert-Ier. Cette sculpture remarquable en marbre blanc, que l'on appelle aussi « fontaine des Phocéens », est probablement inspirée de la célèbre fontaine du Triton à Rome. Classée monument historique, la fontaine des Tritons représente quatre tritons à queues de dauphin entrelacées qui déversent de l'eau par des conques recourbées.

L'histoire de cette fontaine est peu commune. On raconte que cette statue serait une trouvaille archéologique ramenée de Grèce (ou de Malte) par un Lascaris, lui donnant une valeur sans précédent. Malheureusement, il n'en est rien. C'est en 1830 que Pierre-Joseph Arson, premier consul de la ville de Nice, fit installer cette fontaine devant le collège des Jésuites, aujourd'hui lycée Masséna, pour apporter l'eau courante au quartier. La fontaine était alors alimentée par la source de l'Eau-Fraîche, qui surgissait non loin de la place d'Armes dans le quartier de l'Aubre.

Elle fut d'abord dédiée à la reine Marie-Christine, épouse du roi Charles-Félix, à la suite de leur séjour à Nice en 1826. On la baptisa alors « fontaine de Marie-Christine ». En 1852, alors qu'elle gênait la circulation du quai Saint-Jean-Baptiste (l'actuelle avenue Félix-Faure), on décida de la détruire. C'est un enseignant qui prit l'initiative de sauver les tritons des burins et de les entreposer au collège. En 1858, le journal niçois *Le Messager de Nice* posa la question de leur devenir.

Finalement, les tritons furent réinstallés sur la place des Phocéens, devenue le jardin Albert-Ier, en 1866. La fontaine fut démontée une nouvelle fois pendant la Seconde Guerre mondiale pour être mise à l'abri dans le jardin de la villa Paradiso, lieu de dépôt des prix de Rome durant le conflit. À la Libération, elle retrouva sa place dans le jardin. Depuis, les tritons ont arrêté de faire couler de l'encre.

Adresse Jardin Albert-Ier, 6 avenue des Phocéens, 06000 Nice | Transports en commun Tram 1, arrêt Masséna | À savoir Le saviez-vous ? Le jardin Albert-Ier est l'un des plus anciens jardins publics de Nice. Il a été créé en 1852 et abrite de nombreux monuments, à l'instar de la statue sur laquelle est perchée une Victoire ailée célébrant le centenaire du rattachement du comté de Nice à la France.

44 La fresque Adam et Ève

Pour le meilleur et pour le pire

Le Vieux-Nice est un livre d'histoire à lui seul, mais encore faut-il lever les yeux pour en découvrir les chapitres méconnus. C'est le cas de la fresque Adam et Ève, sur la façade de la maison située au n° 8 de la rue de la Poissonnerie. Juste avant d'arriver sur le cours Saleya, on peut en effet admirer l'unique témoignage niçois des maisons peintes de l'époque médiévale.

Cette fresque a la particularité d'être en relief : on dit qu'elle est sculptée en sgraffito, une technique de grattage dans la pierre. Ses couleurs actuelles, résultant d'une restauration récente par un peintre fresquiste niçois, laissent imaginer ce à quoi pouvaient ressembler les murs de la vieille ville jadis. Sur cette fresque datée de 1584, on peut voir Adam et Ève dans le jardin d'Éden avec le fameux serpent séducteur. Chacun des protagonistes tient dans sa main un cougourdon – la courge niçoise – tel un gourdin menaçant. Une chose est sûre, il ne s'agit pas d'une scène d'amour, mais plutôt d'une scène de ménage ! En effet, d'après la tradition locale niçoise, cette fresque était là pour rappeler les querelles des couples qui vivaient dans cette maison, dont les premiers propriétaires s'appelaient Lazare et Thérèse, comme l'indiquent les initiales « L.T » gravées juste à côté de la date.

Cette fresque pourrait aussi faire écho à une tradition oubliée depuis la fin du XIXe siècle : le festin des reproches. Celui-ci se déroulait chaque dimanche de Carême – le premier après Mardi gras – à Cimiez, sur la place du monastère franciscain. Ce jour-là, les époux se pardonnaient notamment leurs infidélités durant le carnaval et les longs mois d'hiver. Ils se disputaient, vidaient leur sac, se confessaient et assistaient à un office pour se laver de leurs péchés. S'ensuivaient alors des réconciliations autour d'un pan bagnat partagé… avec amour. Il ne fallait bien évidemment pas manquer le festin de la *recourdura* à la Saint-Barthélemy le dimanche suivant… après les reproches, la réconciliation !

Adresse 8 rue de la Poissonnerie, 06300 Nice | Transports en commun Tram 1, arrêt Cathédrale – Vieille-Ville ou Opéra – Vieille-Ville | À savoir Juste en face, le théâtre du Cours est une institution qui a ouvert ses portes en 1988 à l'initiative de Noëlle Perna, alias Mado la Niçoise. Ce petit café-théâtre de 50 places assises ne cesse de se renouveler en proposant des représentations théâtrales drôles et décalées ou encore des spectacles de magie envoûtants (5 rue de la Poissonnerie, 06300 Nice, theatreducoursnice06.com).

45 La gare du Sud

Une ancienne gare transformée en bibliothèque

Voilà déjà plus de 130 ans que la gare du Sud domine le quartier de la Libération avec son imposante façade classée monument historique. Cette ancienne gare des Chemins de fer de Provence, construite afin de désenclaver l'arrière-pays niçois, était le terminus de la ligne à voie métrique reliant Nice à Digne-les-Bains. Elle a été inaugurée en 1892. C'est l'architecte français Prosper Bobin qui a imaginé les lieux, composés de deux éléments forts : un bâtiment des voyageurs et une halle surmontée d'une magnifique verrière pour les quais.

De style néo-classique, la façade de la gare est parsemée d'éléments de décor, comme un macaron gravé au sigle « SF », encadré de feuilles d'acanthe et supporté par une tête de lion, ou un buste de femme avec deux globes de pierre géants. Les quais, quant à eux, étaient au nombre de quatre : deux pour les trains et deux voies de garage. Ils étaient recouverts d'une structure métallique de 23 mètres de large, 18 mètres de haut et 87 mètres de long, récupérée sur les pavillons russe et austro-hongrois lors l'Exposition universelle de 1889.

Durant près d'un siècle, la gare a permis de faire transiter des hommes, des animaux et des marchandises : carrelage de Salernes, bois de la Tinée, lait de la Vésubie... Mais après la Seconde Guerre mondiale, la gare vit son trafic ralentir et s'arrêter définitivement le 9 décembre 1991. S'ensuivirent de longues années d'incertitude. Sur le point d'être démolie, la façade fut sauvée in extremis par le ministre de la Culture Renaud Donnedieu de Vabres, avant d'être inscrite au titre des monuments historiques en 2002, comme la halle en 2005. Plusieurs projets furent alors envisagés, notamment l'installation d'associations ou de la mairie. En 2010, la proposition des architectes Reichen et Robert pour la réhabilitation du bâtiment et du quartier fut finalement validée, et les travaux débutèrent en 2012. Le bâtiment des voyageurs a été transformé pour donner naissance à la bibliothèque Raoul-Mille, ouverte depuis 2014.

Adresse 33-35 avenue Malausséna, 06000 Nice | Transports en commun Tram 1, arrêt Libération | À savoir Depuis l'été 2023, une halle gourmande a rouvert ses portes dans la gare sous le nom de Mediterraneo, réunissant toutes les saveurs de la Méditerranée ainsi que des espaces liés à l'art et à la culture (mediterraneo-nice.com).

46 La Grande Corniche

Un décor de cinéma hitchcockien

Avec l'incontournable promenade des Anglais, la Grande Corniche est l'une des routes mythiques de Nice, également considérée comme l'une des plus belles au monde. Construite par Napoléon Ier et suivant en partie le tracé de l'antique via Augusta, cette route – la M2564 de son vrai nom – culmine à près de 450 mètres d'altitude. Elle relie Nice à la frontière italienne à travers 33 kilomètres de panoramas époustouflants sur la Méditerranée, l'Italie, la Corse et les sommets du Mercantour. De vrais paysages de carte postale qui se laissent immortaliser en toute saison.

Outre ses incroyables points de vue, la Grande Corniche peut s'enorgueillir d'avoir été, et d'être encore aujourd'hui, un décor de cinéma à ciel ouvert. C'est ici qu'en juin 1954, le célèbre cinéaste britannique Alfred Hitchcock tourna l'une des scènes, devenue culte, de *La Main au collet*. La scène en question ? Une Mercedes 190SL file à vive allure sur cette route mythique. À son bord, une certaine Grace Kelly, les mains gantées de blanc sur le volant. À ses côtés, Cary Grant comme passager, les mains posées sur les genoux. Quelques crissements de pneus plus tard, c'est Monaco et son célèbre rocher qui apparaissent en toile de fond. Ce film fut l'un des premiers tournés en extérieur par le réalisateur. C'est lors d'un repérage quelques mois plus tôt que son équipe tomba sous le charme de cette route entre ciel et mer. Le long-métrage sortit en août 1955 et devint l'un des chefs-d'œuvre du cinéma. Ce tournage permit notamment à Alfred Hitchcock de découvrir cette Côte d'Azur dont il tomba ensuite amoureux.

Bien plus tard, la Grande Corniche vit également passer une autre légende du 7e art : l'agent 007. Dans *GoldenEye* de Martin Campbell (sorti en salles en 1995), l'acteur Pierce Brosnan, alias James Bond, se lance dans une course-poursuite en voiture qui chemine par le col d'Èze. La scène, ponctuée de virages serrés, s'achève par une vue époustouflante sur la Principauté de Monaco.

Adresse Route de la Grande Corniche (M2564) | **Transports en commun** En voiture, direction La Turbie par le boulevard de Riquier puis le boulevard de l'Observatoire | **À savoir** Le village de La Turbie et son trophée des Alpes, véritable chef-d'œuvre de l'art romain, sont à voir absolument (avenue Albert-Ier-de-Monaco, 06320 La Turbie, www.trophee-auguste.fr).

47 La grotte du Lazaret

Une cave à vin dans une grotte

Il y a plus de 170 000 ans, les premiers Niçois occupaient une grotte située au pied du mont Boron. D'à peine 35 mètres de long sur 4 à 14 mètres de large, la grotte du Lazaret est un site préhistorique majeur. Classée monument historique en 1963, elle a été mentionnée pour la première fois en 1821 dans le texte *Voyage aux Alpes-Maritimes* du botaniste François-Emmanuel Fodéré. C'est durant la seconde moitié du XIXe siècle que le destin des lieux prit un autre tournant. En 1848, le docteur Frédéric Le Fèvre fit l'acquisition du terrain pour y construire un centre de thalassothérapie, transformé par la suite en dispensaire où le « bon docteur » soignait les pauvres.

Lorsqu'il décida de faire creuser un puits, Le Fèvre découvrit l'entrée de la grotte. Il lança alors des travaux, qui traversèrent l'ensemble des dépôts archéologiques et permirent de mettre au jour un gisement d'animaux fossilisés. En 1852, le docteur fit part de ses découvertes dans le journal *L'Avenir de Nice*, mais celles-ci ne provoquèrent aucun intérêt de la part de la communauté scientifique. Il signala aussi ses trouvailles au paléontologue Émile Rivière, qui publia une première note scientifique en 1882. Finalement, Frédéric Le Fèvre aménagea dans la grotte un cellier qui lui servit de cave à vin ! Et pas n'importe quel vin… du rosé du domaine de Bellet !

Le gisement fit l'objet de différentes fouilles dans les années 50 puis dans les années 60. Depuis, plusieurs autres campagnes ont été réalisées ; la dernière date de septembre 2022. Des restes de loup, de lynx, de bouquetin, de mulot ainsi que des petits outils vieux de 130 000 ans ont été retrouvés, venus s'ajouter aux milliers d'objets déjà rassemblés. Mais la grotte n'a pas fini de livrer tous ses secrets. Pour vous permettre d'en découvrir quelques-uns, le Département des Alpes-Maritimes, propriétaire des lieux, a imaginé une visite immersive en 3D pour un véritable voyage aux origines de l'humanité.

Adresse 33 bis boulevard Franck-Pilatte, 06300 Nice, lazaret.departement06.fr | Transports en commun Bus 15/30, arrêt Maeterlinck ; Bus38, arrêt Villa-La-Côte | Horaires d'ouverture D'octobre à mai, du mercredi au dimanche de 10 h à 17 h ; de juin à septembre, de 10 h à 18 h | À savoir Depuis quelques années, la grotte du Lazaret souhaite offrir aux visiteurs une expérience culturelle en participant au Printemps des Poètes. Le temps de l'événement, un *mapping* onirique est mis en place dans la grotte, et les visiteurs peuvent entendre des enregistrements de poèmes diffusés par des haut-parleurs.

48_La grue

Dernière trace de l'ère industrielle

On pourrait croire qu'il s'agit d'une énième œuvre contemporaine, à l'image de la très contestée sculpture *Neuf Lignes obliques* de Bernar Venet installée sur le quai des États-Unis… mais pas du tout ! Même si cette vieille dame de fer passerait presque inaperçue au bout du quai Infernet, elle est classée monument historique et labellisée « Patrimoine du XXe siècle ». Elle, c'est la grue Applevage n° 14, dernier témoin de l'activité commerciale du port et premier matériel de ce type à avoir été classé en France.

Son histoire remonte à la veille de la Seconde Guerre mondiale. À ce moment-là, l'activité du port ne cessait de croître, notamment au bassin du Commerce, affecté au fret de marchandises. La chambre de commerce décida alors, en 1935, d'acquérir deux grues électriques de 5 tonnes : les grues n° 13 et n° 14 furent construites par la société parisienne Applevage et mises en place en 1938 sur le port Lympia. Les deux engins servaient à décharger le charbon permettant de chauffer les immeubles de la ville. La grue n° 14 fut également utilisée pour la manutention de marchandises diverses : arachides, bois, sacs de ciment, et même les bobines de papier pour le journal *Nice-Matin.* Les deux grues furent endommagées au cours de la guerre, puis remises en état de marche dès 1947. Très sollicitée, la grue n° 14 se dégrada, mais plutôt que de la remplacer, on la restaura en 1956 pour la remettre en activité en 1958, tel un phénix renaissant de ses cendres.

En 1966, les deux grues furent transférées au bord du bassin des Amiraux, sur les rails du quai Infernet. La grue n° 13 et deux autres grosses grues datant de 1952 furent détruites en 1993. La Ville décida de garder la n° 14 comme dernier élément de l'outillage ancien du port. En 2004, celle-ci fut réhabilitée et retrouva sa couleur d'origine brun cuivre, mais ses moteurs non compatibles avec les nouveaux règlements de sécurité restèrent en l'état. La fin de sa réhabilitation fut célébrée en septembre 2004 lors d'une grande fête populaire : *lou festin dou Pouort.*

Adresse Quai Amiral-Infernet, 06300 Nice | Transports en commun Tram 2, arrêt Port-Lympia | À savoir *Aqui si vende di pei* ! Tous les jours de 10 h à 12 h 30, ne manquez pas le petit marché aux poissons du port de Nice installé sur le quai Amiral-Infernet. Quelques pêcheurs professionnels y vendent leur pêche du jour.

49 Hit Import

Le plus ancien disquaire de Nice

C'est précisément le jour de la naissance de son fils Cédric, le 15 février 1980, que Jean-Paul a ouvert les portes de son magasin Hit Import, au n° 17 de la rue Gioffredo. Le disquaire avait pris la décision de changer d'activité pour vivre de sa passion : la musique. À l'époque, il faisait d'ailleurs partie d'un groupe de rock progressif. D'abord généraliste, le disquaire surfa sur la vague du heavy metal et du hard rock quand celle-ci déferla en France. Le magasin devint rapidement une référence pour les métalleux de la région à la recherche de vinyles de groupes légendaires, mais aussi de sons inédits. Victime de son succès, la boutique devint trop petite et dut déménager rue de Lépante en mars 1987.

Si Hit Import est aujourd'hui une institution, c'est grâce à sa capacité à dénicher des pépites venues des quatre coins du monde. L'équipe fait aussi la différence : Philippe, dit « Fifi », est présent depuis le début… à l'époque, il était simple client ! Ludo(vic) a ensuite rejoint la team, en apportant ses connaissances sur le blues et la soul. Christophe, également un vieux de la vieille, sillonne désormais les routes avec son groupe de métal Corpus Delicti. Sans oublier Cédric, tombé tout petit dans les disques, qui a repris le flambeau de son père en 2020. Tous ont un point commun : la passion dévorante de la musique. Ensemble, ils ont connu les bouleversements de l'industrie, mais ont toujours su s'adapter. Ils partagent aussi des souvenirs mémorables : en novembre 1984, le groupe Metallica est venu au magasin grâce à un coup de génie de son fondateur. Le groupe devait se produire au Théâtre de Verdure ; Jean-Paul contacta alors *Nice-Matin* pour leur faire croire que les membres viendraient faire des dédicaces à la boutique. C'était parfaitement faux, mais l'annonce fit un tel buzz que le groupe n'eut pas d'autre choix que de s'exécuter ! Et en 1998, Philippe et Cédric sont montés sur la scène pour s'improviser choristes au concert d'Iron Maiden. Rien que ça !

Adresse 11 rue de Lépante, 06000 Nice | **Transports en commun** Tram 2, arrêt Durandy | **Horaires d'ouverture** Du lundi au samedi de 10 h à 19 h | **À savoir** Dans un souci de mettre en avant la scène locale du rock, Hit Import propose régulièrement des showcases dans le magasin. La boutique participe aussi chaque année au Disquaire Day, la journée internationale de soutien aux disquaires indépendants, qui permet d'acquérir des vinyles en édition limitée, mais aussi de lutter contre les géants de la profession.

50 L'hôtel Mermonts

Le fief de Romain Gary

Nombreux sont les écrivains qui ont été inspirés par Nice. C'est le cas de Romain Gary, double lauréat du prix Goncourt pour *Les Racines du ciel* en 1956 et *La Vie devant soi* en 1975, sous le pseudonyme d'Émile Ajar. De son vrai nom Roman Kacew, Gary s'est installé à Nice avec sa mère Mina en 1928, après avoir quitté la Lituanie dans un climat de xénophobie croissante. Roman n'avait alors que 14 ans. Ils posèrent leurs valises dans une pension de famille de la rue de la Buffa, puis dans un deux-pièces de l'avenue Shakespeare.

En 1930, Mina devint gérante d'un immeuble de sept étages, au 7 boulevard Carlone, l'actuel boulevard François-Grosso. Elle convainquit le propriétaire de le transformer en hôtel-restaurant, l'hôtel-pension Mermonts (mot valise pour « mer et monts »), avec 36 chambres, deux étages d'appartements, un restaurant avec cuisines en sous-sol et deux ascenseurs. La chambre de Roman était située au rez-de-chaussée et celle de sa mère au septième étage. L'écrivain avait alors 16 ans et endossait occasionnellement les rôles de réceptionniste, guide ou maître d'hôtel, tout en suivant sa scolarité au lycée Masséna. À cette époque, il commença aussi à envoyer ses premiers manuscrits, mais ces derniers furent systématiquement refusés. Sa première nouvelle, *L'Orage*, parut cinq ans plus tard, en 1935, sous le pseudonyme de Romain Gary. À cette occasion, un apéritif fut organisé en son honneur par les commerçants du marché couvert de la Buffa.

En 1938, alors qu'il venait passer ses vacances à Nice avant de rejoindre l'armée de l'Air, sa mère lui confia la mission d'assassiner Hitler à Berlin. Mais la veille de son départ, elle refusa de le laisser partir. En 1940, il s'engagea finalement dans l'aviation après des études de droit et rejoignit les Forces aériennes françaises libres à Londres. Il fut ensuite envoyé un peu partout dans le monde. À la fin de la guerre, Romain Gary regagna Nice, où il apprit le décès de sa mère, morte trois ans et demi plus tôt.

Adresse 7 boulevard François-Grosso, 06000 Nice | Transports en commun Tram 2, arrêt Centre-Universitaire-Méditerranéen | À savoir L'hôtel-pension Mermonts n'existe plus aujourd'hui, mais l'immeuble oui. Il a été rebaptisé Les Pervenches. Une plaque commémorative rappelle le passage de l'auteur, qui l'évoque dans son célèbre roman autobiographique *La Promesse de l'aube*.

51 Le jardin du monastère de Cimiez

On va en faire une salade !

Un des plus jolis et des plus anciens jardins de Nice se trouve sur la colline de Cimiez, plus précisément dans le prolongement du monastère du même nom, fondé au XIe siècle par les moines bénédictins de l'abbaye de Saint-Pons. D'une superficie de près de 10 hectares, ce jardin a été créé au milieu du XVIe siècle, lorsqu'une communauté de moines franciscains a pris possession des lieux.

Inspiré du style florentin, le jardin a gardé son tracé d'origine, reconnaissable à ses allées symétriques incrustées de galets et de briques, ses différents espaces de végétation et ses bassins d'eau. Mais avant de devenir ce jardin d'agrément paisible et romantique à souhait, où les magnifiques rosiers grimpants flirtent avec les orangers, les citronniers et les mandariniers dans une atmosphère hors du temps, la zone accueillait le potager et le verger des moines, qui leur permettaient de subsister. Très fidèles aux principes de pauvreté et d'humilité, les pères franciscains vivaient de la charité et de la mendicité. Pour se nourrir, ils aménagèrent ce potager indispensable. À l'époque, le climat était très aride sur la colline de Cimiez, dépourvue de source. Les moines réussirent cependant à installer d'ingénieux systèmes pour récupérer l'eau de pluie dans des citernes afin d'irriguer leurs plantations. À force de travail, ils parvinrent à cultiver des vignes, des arbres fruitiers et même des herbes médicinales.

Leurs moyens étaient si limités qu'ils ne pouvaient semer une rangée de salades avec le même type de graines. Ainsi, ils mélangèrent diverses variétés qui, une fois récoltées, donnèrent naissance à une salade de jeunes pousses : le mesclun, qui signifie « mélange » en niçois. Alors pas de quoi en faire une salade, mais quand même… Ce mélange internationalement connu est né ici, dans ce jardin désormais inscrit au titre des monuments historiques, où il fait bon se balader le long des parterres fleuris en toute saison.

Adresse Place du Pape-Jean-Paul-II, 06000 Nice | Transports en commun Bus 18/33, arrêt Arènes – Musée-Matisse | Horaires d'ouverture Tous les jours d'avril à mai de 8 h à 19 h ; de juin à août de 8 h à 20 h; d'octobre à mars, de 8 h à 18 h | À savoir Le jardin du monastère de Cimiez privilégie l'entretien écologique. Aucun produit chimique n'est utilisé et la lutte contre les parasites s'effectue à l'aide d'insectes prédateurs.

52 Jumalee

Se mettre au parfum

Un parfum n'est jamais choisi par hasard. Il est le reflet de notre personnalité, de notre humeur et de nos envies. À contre-courant des grandes enseignes qui inondent le marché, la maison de parfumeur Jumalee propose des parfums de niche aux fragrances rares et audacieuses.

Situé dans la rue Cassini, non loin de la place Garibaldi, Jumalee a mis en place des ateliers de création de parfums sur mesure, pour offrir une expérience olfactive inédite. Dans un cadre chic et cosy, vous prenez place devant un orgue à parfums rotatif comptant 82 essences de Grasse – autant de possibilités pour créer une fragrance à votre image. Étape par étape, guidé par Julien, mixologue et expert en distillation, vous composez votre parfum en choisissant les notes de tête, de cœur et de fond jusqu'à atteindre l'harmonie. Verveine, muguet, tiaré, fève de tonka ou encore safran… le choix est vaste et chaque essence mérite que l'on s'y attarde. Une fois la composition établie, place aux essais ! On remplit son flacon à l'aide de pipettes graduées, on ajuste, et, millimètres par millimètre, le parfum voit le jour. Le temps de cet atelier, le nez, bien évidemment, est mis à contribution, mais aussi la sensibilité. Car derrière chaque essence se cachent un sentiment, un souvenir d'enfance, une émotion… pendant une heure et demie, on assiste à un véritable voyage des sens et des sentiments.

Une fois votre eau de parfum mise en bouteille, vous avez la possibilité d'y ajouter une étiquette dorée à chaud avec l'inscription de votre choix. Votre formule est numérotée et archivée afin que vous puissiez commander votre parfum sur mesure par la suite ou le recréer plus facilement. Pour les plus pressés, Jumalee a également imaginé un concept de bar à parfum – le Barfumeur –, une initiation ludique à la parfumerie en une trentaine de minutes. Vous ne prenez aucun risque : les 15 fragrances du bar à parfums ont été conçues pour s'accorder les unes aux autres.

Adresse 10 rue Cassini, 06300 Nice, www.jumalee.com | Transports en commun Tram 1, arrêt Garibaldi | Horaires d'ouverture Du lundi au samedi de 10 h à 19 h | À savoir Pour aller plus loin, Jumalee propose aussi un spa dédié aux massages thaïlandais. Vous pourrez vous faire masser avec une huile de massage parfumée sur mesure avec la formule que vous aurez créée.

53 Le kiosque des Amoureux

Un kiosque à musique en guise de cadeau

Pour tous les amoureux à la recherche d'un lieu romantique, direction le parc Chambrun. Si ce jardin municipal est devenu le paradis des familles, il accueillait auparavant une magnifique propriété appartenant à Aldebert de Chambrun, homme politique et sociologue, et Marie-Jeanne Godard-Desmarest, riche héritière des cristalleries de Baccarat, grande mélomane et poétesse à ses heures perdues. Mariés en 1853, les deux tourtereaux s'installèrent à Nice en 1876, après être tombés sous le charme de l'ancienne propriété de la famille Caïs de Pierlas, située sur les collines verdoyantes. Ils rachetèrent les lieux avec la dot de Marie-Jeanne et en firent un véritable havre de paix. Le comte confia la création du parc aux frères Bühler, des paysagistes de renom, qui l'agrémentèrent de palmiers, magnolias, ifs et cyprès.

Dans sa demeure de style gothique troubadour, le couple accueillit toute la haute société niçoise comme les Arson, les Cessole ou encore les von Derwies. Ils se lièrent d'amitié avec l'architecte Philippe Randon, à qui monsieur Chambrun commanda un cadeau hors norme pour son épouse : un kiosque à musique d'une valeur de 1 million de francs. Pas moins de 5 ans de travaux furent nécessaires à la construction de ce monument en marbre, semblable au temple de Vesta à Rome. Accessible via une vingtaine de marches, le kiosque mesure 18 mètres de haut et possède 12 colonnes corinthiennes. Il fut inauguré en grande pompe en mars 1890 au cours d'un concert donné par 200 musiciens du casino municipal.

À la mort du couple en 1899, la propriété fut laissée à l'abandon jusqu'en 1906, date à laquelle le propriétaire de l'hôtel Cecil transforma le parc en une patinoire et un vélodrome. La patinoire devint par la suite un hôpital, avant d'être détruite. À la fin des années 20, une cinquantaine de villas et immeubles furent construits autour du kiosque et les allées furent rebaptisées d'après des poètes célèbres. Seul le romantique édifice resta, devenant pour toujours un temple de l'amour.

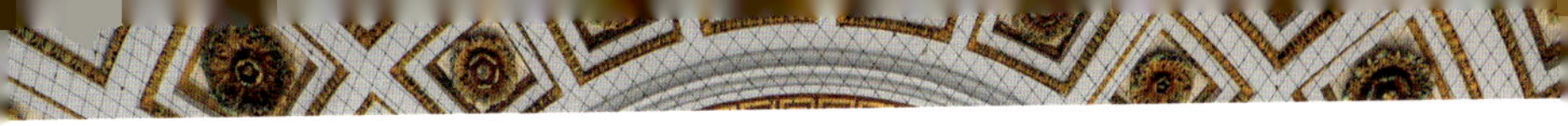

Adresse 14 avenue Châteaubriand, 06100 Nice | Transports en commun Tram 1, arrêt Le-Ray | Horaires d'ouverture Tous les jours de 8 h 30 à 18 h | À savoir En contrebas du kiosque à musique, ne manquez pas un magnifique cèdre du Liban. La circonférence de son tronc dépasse les 5 mètres. Il aurait été planté au cours du XVIIIe siècle.

54_Le kiosque Tintin

Le pan bagnat de père en fille

À Nice, les spécialités culinaires sont sacrées ! Parmi elles, on trouve le fameux pan bagnat, grand classique de la cuisine niçoise. À son invention au XIXe siècle, il s'agissait d'un « plat de pauvre », préparé à partir de pain rassis que l'on ramollissait en le passant sous un filet d'eau. On y ajoutait les crudités que l'on avait sous la main, ainsi que des anchois ou du thon si les finances le permettaient. Le pan bagnat – qui signifie littéralement « pain baigné » – faisait alors le bonheur des pêcheurs et des ouvriers.

Au kiosque Tintin, ce casse-croûte est roi depuis plus de 30 ans. Situé en plein cœur du quartier de la Libération, le snack est le lieu de rendez-vous de nombreux Niçois qui viennent se régaler de cette spécialité gourmande ou d'un morceau de pissaladière. Auparavant installée devant l'ancienne gare du Sud, précisément en bas des marches, la petite cabane était tenue par les époux Pellegrino. Dans les années 90, ces derniers avaient pris le relais d'un certain Célestin, que tout le monde appelait Tintin. C'est ainsi qu'est né le nom « kiosque Tintin » !

En 2005, la ville décida de raser le kiosque en vue des travaux de la ligne 1 du tramway. Heureusement, un local se libéra non loin, au 3 place du Général-de-Gaulle. Les Pellegrino sautèrent sur l'occasion pour ouvrir le successeur du kiosque Tintin, devenu un café-snack ! Aujourd'hui, c'est leur fille Ornella qui a repris le flambeau. Pétillante et souriante, elle est une figure emblématique du quartier. Elle propose toujours la recette de pan bagnat de son père, inchangée depuis plus de 30 ans et préparée à base de produits frais : tomates, oignons rouges, thon, œufs, radis… et avec ou sans anchois selon la demande. Le tout assaisonné d'huile d'olive. Peu importe ce que pensent les puristes, le pan bagnat de chez Tintin n'a plus rien à prouver ! Sur place ou à emporter, il est devenu l'allié idéal des pique-niques au bord de la mer ou des apéros à rallonge au soleil.

Adresse 3 place du Général-de-Gaulle, 06000 Nice | Transports en commun Tram 1, arrêt Libération ou Borriglione | Horaires d'ouverture Tous les jours sauf le lundi de 6 h 30 à 15 h | À savoir D'une hauteur de 3,7 mètres, la statue en bronze de Charles de Gaulle a été réalisée par le sculpteur Jean Cardot et installée sur la place où se sont joués les combats pour la libération de Nice le 28 août 1944. Auparavant s'y trouvait une statue de Gambetta, détruite par les nazis. C'est d'ailleurs la raison pour laquelle une brasserie porte ce nom.

55 Let's Dough

Des cookies sur mesure

Les adresses gourmandes pour les petites pauses sucrées ne manquent pas à Nice. Situé dans la rue Droite, à proximité du cours Saleya, Let's Dough est une jolie fabrique de cookies qui mettra vos papilles en joie. Ouverte à l'initiative d'Andréa et Alexis, cette « cookiserie » vous accueille dans un cadre pop et coloré, avec une décoration soignée qui n'est pas sans rappeler l'univers fantasque de *Charlie et la Chocolaterie.* Coup de cœur personnel pour les plafonniers en forme de nuages !

Avant d'ouvrir ce temple du cookie, les deux jeunes entrepreneurs avaient déjà commencé leur aventure culinaire depuis chez eux en proposant la livraison de boîtes de cookies à domicile ou au bureau. Le succès a été tel – et leur envie de partager leur passion tellement forte – qu'ils ont souhaité aller plus loin en ouvrant leur propre boutique. Chez Let's Dough, tout est fait maison, du jour et avec des ingrédients locaux, pour proposer des biscuits frais et savoureux. Même les nappages (caramel au beurre salé, beurre de cacahuète, coulis de fruits, crème de chamallow...) sont artisanaux.

Les cookies d'Andréa et Alexis se déclinent sous plusieurs formes afin de plaire à tous les gourmands. En vitrine, on retrouve les cookies traditionnels (pépites de chocolat, noisette, pâte à tartiner...), mais aussi des saveurs surprenantes, à l'instar des desserts revisités en cookies, comme la tarte au citron meringuée (You are the zest), le paris-brest ou le tiramisu (Tiramisuki).

Et cerise sur le gâteau – ou plutôt pépite sur le cookie –, un bar à cookies permet de créer son biscuit sur mesure ! C'est simple : on choisit sa base, une pâte à cookie crue (sans œuf et avec de la farine pasteurisée) ou cuite, et on y ajoute les *topping* de son choix. Le couple ne s'est pas arrêté là puisqu'il propose aussi des cookies donuts, des mug cookies ou encore des petits ballotins personnalisés. Et pour profiter de toutes ces bonnes petites choses chez soi, vous avez même la possibilité de vous faire livrer à domicile. Le plus dur reste de faire un choix !

Adresse 31 rue Droite, 06300 Nice, commandes-lets-dough.com | Transports en commun Tram 1, arrêt Cathédrale – Vieille-Ville | Horaires d'ouverture Du mardi au samedi de 11 h à 18 h et le dimanche de 11 h à 17 h | À savoir Pour accompagner ces petites gourmandises, Let's Dough mise sur une jolie carte de boissons elles aussi faites maison. Si vous souhaitez prolonger l'expérience, la biscuiterie met à disposition ses services pour les événements privés.

56 Les linteaux du Vieux-Nice

Jeux de mots et maison close

Le Vieux-Nice recèle bien des secrets dont certains se lisent sur ses murs, notamment grâce à ses linteaux de pierre. Le linteau est la partie supérieure d'une porte qui, en plus de soutenir la maçonnerie, fait aussi office de support pour des ornements, des symboles – souvent religieux –, des dessins, de petites phrases ou simplement des dates gravées dans la pierre. Celles-ci peuvent se rapporter soit à la date de construction de la maison, soit à sa rénovation, ou encore à l'arrivée d'un nouvel habitant souhaitant marquer les lieux. La majorité des linteaux historiés datent du XVIIe siècle et suivent les phases d'urbanisme de la ville, qui ont fait suite à l'édification de la forteresse sur la colline initiée par le duc Emmanuel-Philibert.

À ce jour, on recense 8 linteaux datés du XVe et du XVIe siècle, 30 du XVIIe siècle et 21 du XVIIIe siècle. Le plus ancien remonte à 1482 et se trouve au 15 rue de la Condamine. De style classique, il est caractéristique de la période entre l'époque médiévale et l'époque moderne. En outre, il porte de minuscules lettres gothiques, « IHS », dans un cercle torsadé. Ce sigle, abréviation de *Iesus Hominum Salvator* (« Jésus sauveur des hommes » en latin), était destiné à protéger la maison ; on le retrouve sur une trentaine de linteaux.

Au-delà de ces dates et symboles de protection, on peut remarquer des linteaux marqués d'une inscription humoristique. C'est le cas de celui situé au 5 rue Place-Vieille, qui profère *Interna meliora,* c'est-à-dire « L'intérieur, c'est meilleur ». On raconte que cet écrit indiquait la présence d'une maison close dans l'immeuble ! Ce genre de jeux de mots se retrouve également au numéro 26 de la rue Benoît-Bunico : *Turbida nunquam* ou « Jamais de choses troubles ». C'est une référence directe au nom des propriétaires, la famille Dal Pozzo, « du Puits » en français. Autrement dit « L'eau du puits n'est jamais trouble ». À l'époque déjà, on savait jouer avec les mots !

Adresse Linteau *Interna meliora* : 5 rue Place-Vieille, 06300 Nice | Transports en commun Tram 1, arrêt Cathédrale – Vieille-Ville ou Opéra – Vieille-Ville | À savoir Distingué par le label « Bib Gourmand » du prestigieux *Guide Michelin,* Olive & Artichaut propose une cuisine de pays qui met à l'honneur les produits frais, locaux et de saison. Et le chef cuisine sous nos yeux (6 rue Sainte-Réparate, 06300 Nice, www.oliveartichaut.com) !

57 Les loges de l'opéra

Voir et être vu

Si l'opéra est aujourd'hui l'un des plus beaux édifices de Nice, il garde les stigmates d'un des plus tragiques événements que la ville ait connus. Le 23 mars 1881, un incendie causé par une fuite de gaz se déclara durant l'ouverture de *Lucie de Lammermoor*, tuant 63 spectateurs et réduisant l'édifice en cendres. Tel un phénix, un nouvel opéra plus grand et plus luxueux naquit en 1885 sous l'impulsion de la municipalité, qui souhaitait divertir les hivernants de plus en plus nombreux sur la Riviera. Il fut inauguré le 7 février lors d'une représentation de l'*Aïda* de Giuseppe Verdi.

C'est l'architecte de la Ville François Aune, élève de Gustave Eiffel, qui se vit confier le projet, supervisé par Charles Garnier. Les façades majestueuses, de style éclectique, rappellent celles de l'opéra de Paris. À l'intérieur, un théâtre à l'italienne se dévoile : face à la porte principale se trouve un escalier d'apparat qui rejoint une grande salle disposée en fer à cheval, unique en France. Elle est agrémentée d'un parterre, de trois étages de loges de chaque côté, d'un amphithéâtre au quatrième étage et d'un poulailler où s'installait « le petit peuple », alors que l'aristocratie occupait les loges. Curieux détail, chacune est équipée d'un miroir permettant d'espionner ses voisins. À cette époque, la salle restait éclairée durant les représentations et on s'y rendait surtout pour voir et être vu.

La loge royale, quant à elle, vit passer plusieurs têtes couronnées, comme le roi Victor Emmanuel ou Napoléon III. Au total, l'opéra compte 1 083 places ! Au plafond, impossible de ne pas s'extasier devant l'incroyable lustre occupant la place de l'astre solaire dans le ciel mythologique peint par Emmanuel Costa. Ajouté lors de la dernière restauration de l'opéra, le lustre pèse 2 tonnes, compte 600 ampoules et des milliers de morceaux de verre taillés. Véritable joyau architectural, l'opéra de Nice a été classé monument historique en 1992.

Adresse 4 et 6 rue Saint-François-de-Paule, 06300 Nice, www.opera-nice.org/fr | **Transports en commun** Tram 1, arrêt Opéra – Vieille-Ville | **Horaires d'ouverture** Selon les représentations | **À savoir** En plus des représentations classiques, l'opéra de Nice veut devenir un lieu accessible à tous les publics en proposant une programmation étonnante, à l'instar des festivals Metal Up The Opera en septembre 2022 et Hip Hop'Era en septembre 2023.

58 La Maison Auer

Des fruits confits depuis cinq générations

Cela fait plus de 200 ans que la Maison Auer régale les papilles des gourmands ! En passant dans la rue Saint-François-de-Paule, impossible d'ignorer sa vitrine, qui nous transporte au siècle dernier. Une fois le pas de la porte franchi, on se laisse charmer par l'univers baroque et rococo à souhait des lieux, avec moulures, dorures et vitraux aux motifs floraux.

Ici, la spécialité, c'est le fruit confit – et ce, depuis 1820, date à laquelle Henri Auer, jeune confiseur suisse, est venu s'installer sous le soleil niçois pour profiter des meilleurs fruits de la région. Cinq générations plus tard, l'histoire familiale continue avec Thierry, tombé lui aussi dans la marmite, garant du savoir-faire de ses aïeux puisqu'il prépare toujours les fruits confits sur place et de façon artisanale et naturelle. Clémentines, mandarines, ananas, poires ou encore abricots, les variétés sont sélectionnées avec soin auprès de producteurs locaux. Outre les fruits confits, la maison propose également des chocolats à l'ancienne, des confitures, des marrons glacés et même des pâtes à tartiner, qui se déclinent en différentes saveurs.

En 200 ans d'existence, rien n'a changé… ou presque. Au fil du temps, chaque membre de la famille a apporté sa pierre à l'édifice. Thierry, pour sa part, s'est penché sur le développement numérique de la maison en améliorant le site internet et en facilitant les ventes en ligne qui partent à l'autre bout du monde. Pourtant, l'établissement n'a pas attendu internet pour devenir célèbre. Une certaine reine Victoria en avait fait son fief lors de ses séjours à Nice. Elle aimait boire le thé dans le salon de dégustation – désormais un comptoir à chocolats. Ses blasons s'y trouvent toujours. D'autres personnalités ont pu savourer les confiseries Auer, dont Jean-Paul Belmondo, qui y a tourné une scène de *Joyeuses Pâques* (1984) avec Sophie Marceau et Marie Laforêt. Dans la scène, on voit le comédien qui porte un énorme coq en chocolat noir – son nom a d'ailleurs été donné à un cinéma d'art et d'essai de la ville.

Adresse 7 rue Saint-François-de-Paule, 06300 Nice, www.maison-auer.com | Transports en commun Tram 1, arrêt Opéra – Vieille-Ville | Horaires d'ouverture Du lundi au samedi de 9 h 30 à 13 h 30 et de 14 h à 18 h | À savoir Au n° 9 de la même rue, juste en face de l'opéra, la Galerie des Dominicains perpétue la tradition du couvent, impliqué de longue date dans la vie artistique. De nombreuses expositions y sont organisées et accessibles à tous (www.lesdominicains.com).

59 La maison des Nains

C'est juste une illusion

Au n° 2 de l'avenue Desambrois, dans le quartier de Carabacel, une étrange bâtisse aux murs ocre et aux volets bleu clair, de style néo-médiéval, dénote et attire l'attention : il s'agit du mas du Sablonat. Bâti en 1926 par l'architecte Paul Trachel, à qui l'on doit la plupart des villas de la montée Desambrois, le mas du Sablonat est un édifice unique à Nice. Communément appelée « la maison des Nains », cette drôle de demeure fait l'objet de nombreuses histoires et légendes.

Avec ses baies en forme d'ogives, cette maison pas comme les autres présente des proportions peu habituelles, bien plus petites que la moyenne. Il semblerait que la porte d'entrée et les fenêtres soient plus basses que la normale – à première vue, en tout cas. Le rez-de-chaussée a lui aussi l'air écrasé. Quant aux fenêtres, elles se retrouvent tout bonnement au niveau du trottoir, donnant l'impression que le premier étage n'en est pas un. En conséquence, l'ensemble semble minuscule et laisse à penser que seules des personnes de petite taille pourraient y vivre, d'où son surnom. On raconte même qu'un acteur nain étranger y aurait séjourné. À la voir, on pense également aux Hobbits du *Seigneur des Anneaux* ou à *Alice au pays des merveilles*... il y a quelque chose de féerique en ces murs.

Mais tout cela n'est que légende et mysticisme ! Quand on y regarde de plus près, il s'agit en fait d'un simple effet d'optique voulu par l'architecte. Les dimensions de la maison sont tout à fait normales, mais – et il y a un « mais » – l'édifice a été construit sur un sous-sol de plus de 1,5 mètre. Cette lecture d'échelle, volontairement faussée par Paul Trachel, fut renforcée lors de la surélévation ultérieure de la maison dans les années 80. L'architecte a réalisé de nombreux autres projets à Nice. Parmi eux, le palais Soledor, la résidence Stalingrad ou encore le magnifique immeuble La Riviera, sur l'avenue Jean-Médecin, qui abrite aujourd'hui de grandes enseignes comme la Fnac.

Adresse 2 avenue Desambrois, 06000 Nice | Transports en commun Tram 2, arrêt Durandy | À savoir Juste à côté du mas du Sablonat, ne manquez pas l'église orthodoxe grecque Saint-Spyridon. Un bel et rare exemple d'art byzantin.

60 Le Malonat

Sous la protection de la Vierge depuis 170 ans

Si vous prenez le temps de vous perdre dans le Vieux-Nice, un détour s'impose par la rue du Malonat (*Malounat* en niçois), qui prolonge la rue de la Préfecture. Elle a été baptisée ainsi, car elle fut la première rue qui montait jusqu'à la citadelle à être pavée en malons.

À la fin du XVIIIe siècle, les pêcheurs se regroupèrent dans ce quartier, surnommé le « village de *pescadou* et de *bugadiera* » jusque dans les années 60, autrement dit « le village des pêcheurs et des lavandières » – en provençal, *bugada* signifie « lessive ». Les bugadières se retrouvaient au lavoir public en pierre de La Turbie construit en 1876, l'un des derniers témoins de cette époque, pour laver leur linge ou celui des autres en échange de quelques sous. Armées de leur battoir et des bacs à savon et à rinçage, elles devaient se lever tôt, car il y avait foule. Certaines venaient même effectuer leur tâche la nuit pour avoir de la place, avant d'enchaîner avec leur journée de travail sur les étals de poisson.

En juillet 1854, Nice fut violemment frappée par une épidémie de choléra. Les femmes du quartier, connues sous le nom de « prieuresses », organisèrent une souscription publique pour financer la construction d'un oratoire en haut de la rue du Malonat. Il s'agissait au départ d'un simple berceau réutilisé, mais un véritable sanctuaire fut ensuite construit, agrémenté d'une statue de la Vierge appelée Notre-Dame de Bon Secours. Réalisée en papier mâché (*carta pista*), elle fut installée sur place le 2 août 1854. Depuis, la statuette est portée en procession chaque dernier week-end de juillet pour remercier la sainte d'avoir préservé la ville de la maladie. Ce sont les prieuresses qui restent chargées des préparatifs de la statue et de la rue, tandis que les hommes la portent jusqu'à l'église du Gesù.

Cela fait 170 ans que le quartier célèbre la Vierge Marie chaque année. Depuis 1995, l'Assouciacioun dòu Malounat s'est donné pour mission de perpétuer cette tradition locale. Pendant les Journées européennes du patrimoine, l'association propose même des visites commentées du quartier.

Adresse Rue du Malonat, 06300 Nice | Transports en commun Tram 1, arrêt Cathédrale – Vieille-Ville ou Opéra – Vieille-Ville | À savoir Tanta Nourina fut l'une des premières prieuresses, et l'une des plus connues grâce à l'auteur niçois Francis Gag, dont elle était proche et qui la représenta sous les traits de Tanta Vitourina. Elle possédait une épicerie au n° 12 de la rue du Malonat.

61 Maria Nicecollections

Des cartes postales par milliers

Le passage qui relie la rue de Dijon à l'avenue Malausséna abrite une boutique hors du temps, qui pourrait passer inaperçue. C'est ici, en lieu et place d'un ancien magasin de peinture, que José Maria a installé sa boutique de cartes postales anciennes.

Après plus de 50 ans à collectionner les cartes, José a décidé à 78 ans d'ouvrir Maria Nicecollections, car il n'avait plus assez de place pour les stocker chez lui ! Ancien professeur de mathématiques, conseiller en formation continue, conférencier et auteur de plusieurs ouvrages dédiés au patrimoine niçois, José est une référence dans l'univers de la cartophilie. Il est tombé dans la marmite quand il était tout petit. Gamin, il découpait sans scrupule les cartes pour en garder les timbres, laissant un trou béant sur ces dernières. Des dizaines d'années plus tard, il se mit à les collectionner. Aujourd'hui, les cartes d'époque n'ont plus aucun secret pour lui. En noir et blanc ou colorisées, avec ou sans timbre, écrites ou vierges, dentelées ou non, elles racontent des histoires. Et à chaque époque son style, qui a évolué, lui aussi, au fil du temps.

Difficile de quantifier le nombre de cartes que l'on peut trouver dans cette boutique. Les boîtes peuvent en contenir environ 1 200 et, rien qu'à l'entrée du magasin, on en trouve plus de 100 ! Sans compter la pièce attenante et l'immense cave qui regorge de modèles en tout genre, ainsi que de vieux journaux, des magazines, des BD ou des bibelots. Une vraie caverne d'Ali Baba, avec des milliers de trésors !

Ouverte à tous, et pas seulement aux collectionneurs, la boutique propose des cartes à partir de 50 centimes. Celles-ci sont classées par ville, département, pays ou thème. Il suffit de demander à l'hôte des lieux ce que l'on recherche. Mais il vous faudra tout de même un peu de patience, car quand on rentre chez Maria Nicecollections, il faut prendre le temps de s'immerger, de regarder et de fouiller jusqu'à trouver la perle rare, immortalisée sur papier.

Adresse 2 passage Malausséna, 06000 Nice, www.marianicecollections.fr | Transports en commun Tram 1, arrêt Libération ou Gare-Thiers | Horaires d'ouverture Du lundi au vendredi de 9 h à 12 h 30 ou sur rendez-vous | À savoir « Nous sommes tous des falabracs dans la famille ! », s'amuse José Maria. S'il est un collectionneur invétéré, son épouse n'est pas en reste puisqu'elle est passionnée par les linges anciens. Dans la boutique, vous trouverez ainsi une jolie collection de linges d'antan, brodés, en dentelle…

62 Les mascarons du Palais communal

Des vilains masques

Cœur battant du Vieux-Nice, la place Saint-François voit défiler chaque jour des milliers de personnes, locaux comme touristes. Récemment rénovée, elle est connue pour son incontournable marché aux poissons, qui s'installe six jours sur sept autour de la fontaine des Dauphins. Mais elle se fait aussi l'hôte d'un exemple rare d'architecture baroque civile : le palais communal, qui a fait office d'hôtel de ville jusqu'au XIXe siècle.

La première mention d'un palais communal remonte au début du XVe siècle. Il était alors situé au sommet de la rue du Malonat, mais fut détruit à l'occasion de l'agrandissement des fortifications du château. Un nouveau bâtiment fut alors édifié dès la deuxième moitié du XVIe siècle sur la place principale – devenue la place Saint-François – entre l'église des franciscains et la rue Pairolière. Achevé en 1580, le bâtiment connut plusieurs transformations. La porte fut décorée par l'architecte Grigho en 1680 et la façade par Agliaudo de Tavigliano entre 1758 et 1760. Inspirée du baroque turinois et génois, la façade principale est rythmée par des pilastres dotés de chapiteaux ioniques et de grandes fenêtres. Un fronton triangulaire brisé, rare à Nice, surmonte la porte. La façade latérale, quant à elle, offre des détails architecturaux inattendus. Au cours de travaux réalisés pendant la première moitié du XVIIe siècle, des mascarons tombés à terre auraient été remis en place sur le mur du palais en juin 1651. Il s'agit sans nul doute de ces mascarons – « vilains masques » en italien – que l'on peut apercevoir sur les frontons des fenêtres : l'un riant, l'autre grimaçant. Ces derniers se distinguent des simples masques par leur caractère satirique ou fantastique. Symboles du bon et du mauvais gouvernement, ces figures grotesques nous toisent ainsi depuis plus de 300 ans.

Le palais est devenu ensuite le siège de la bourse du travail de Nice, puis de la CGT. Il a été classé monument historique en 1949.

Adresse 6 place Saint-François, 06300 Nice | Transports en commun Tram 1, arrêt Cathédrale – Vieille-Ville ; Tram 2, arrêt Garibaldi – Le Château | À savoir Si vous avez envie de déguster les « vraies » pasta alla bolognese, pesto ou carbonara, direction le restaurant Illia Pasta, non loin de la place Saint-François. Possibilité de manger sur place ou de prendre à emporter (4 rue Droite, 06300 Nice) !

63 Le masque de l'Empereur

Napoléon au musée Masséna

C'est en 1898 que la villa Masséna fut édifiée par Hans-Georg Tersling, un des architectes les plus réputés de la Côte d'Azur à cette époque, à la demande de Victor Masséna, prince d'Essling et duc de Rivoli. Le prince décida de faire construire une grande villa en bord de mer pour lui et sa famille. En 1917, le fils de Victor Masséna, André, fit don de la demeure à la municipalité à condition qu'elle accepte d'y aménager un musée et d'ouvrir le jardin aux Niçois. Promesse tenue : le musée fut inauguré en 1921.

Celui-ci retrace l'histoire de Nice et de la Riviera, du Premier Empire jusqu'à la fin de la Belle Époque. Mobilier, peintures, sculptures et objets d'art y sont exposés sur deux étages, reliés par un escalier monumental où l'on peut admirer deux grandes toiles marouflées de la famille Masséna signées François Flameng. Si le rez-de-chaussée invite à la déambulation à travers les salons historiques – de la grande galerie à la salle à manger en passant par le salon des portraits, le cabinet de lecture ou encore le fumoir – le premier étage est occupé par le musée d'Art et d'Histoire. Le Nice d'autrefois y est mis en avant grâce à de nombreux objets témoignant des us et coutumes des habitants. On y trouve également des pièces rares, comme les clés de la ville, un diadème en nacre de Joséphine de Beauharnais ou encore un étonnant masque mortuaire en cire de Napoléon Bonaparte. Celui-ci aurait été réalisé par le docteur anglais Archibald Arnott au moment de la mort de l'empereur. On raconte que le médecin, désigné pour garder le corps avant l'autopsie, aurait secrètement pris l'empreinte du visage dans la nuit du 5 au 6 mai 1821, juste après le décès du prisonnier de Sainte-Hélène.

Il existe d'autres masques mortuaires de Napoléon – notamment un en plâtre présenté aux Invalides –, mais celui-ci serait le premier réalisé et la seule réplique authentique du visage impérial. Entre fascination et polémiques, les masques de l'empereur continuent de faire couler beaucoup d'encre !

Adresse 65 rue de France, 06000 Nice | **Transports en commun** Tram 2, arrêt Alsace-Lorraine | **Horaires d'ouverture** Tous les jours sauf le mardi : de novembre à avril de 11 h à 18 h ; de mai à octobre, de 10 h à 18 h | **À savoir** Le musée Masséna est indissociable de son magnifique jardin historique. Celui-ci a été aménagé entre la fin du XIXe et le début du XXe siècle par Édouard André, un architecte paysagiste révolutionnaire. Une parenthèse bucolique en plein cœur de Nice !

64 Le mausolée de l'église russe

En mémoire d'un presque tsar

Dans le quartier du Parc Impérial, impossible de manquer l'imposante cathédrale Saint-Nicolas, plus communément appelée « l'église russe ». Érigée en 1912, elle est l'une des plus grandes églises orthodoxes d'Europe, venue remplacer l'église orthodoxe de la rue Longchamp, considérée comme trop petite. La cathédrale Saint-Nicolas a été construite sur un étang qui appartenait au célèbre poète-jardinier Alphonse Karr. C'est un véritable joyau architectural inspiré des églises de Moscou, doté d'une décoration très riche et orné d'une multitude d'icônes, de fresques et de boiseries sculptées. Plus en retrait et plus ancien, le mausolée de style byzantin qui l'accompagne a, quant à lui, été édifié en 1867. Et les circonstances de sa construction sont pour le moins étonnantes.

Retour en 1864. Le tsarévitch Nicolas Alexandrovitch, fils aîné de l'empereur Alexandre II, venait fêter ses fiançailles à Nice avec la princesse Dagmar de Danemark. Accompagné d'une suite importante, il s'installa dans la villa Bermond avec toute sa famille. Mais le futur tsar, à la santé fragile, tomba malade – un professeur lui avait diagnostiqué une affection rhumatismale qui pouvait être soignée grâce aux effets bénéfiques du climat méditerranéen ; un autre évoqua plutôt une maladie de la moelle épinière. L'état du jeune prince s'aggrava au printemps suivant, et il mourut en avril 1865 d'une tuberculose. Fous de douleur et de chagrin, ses parents décidèrent de racheter la villa Bermond et de la faire démolir pour y construire un mausolée en l'honneur de leur enfant. La première pierre fut posée le 2 mars 1867, et l'inauguration eut lieu le 25 mars 1868 en présence du frère du défunt, nouvel époux de Dagmar et futur empereur Alexandre III. La particularité de cet édifice ? Il a été construit précisément à la place de la chambre dans laquelle le tsarévitch est décédé, dans l'aile médiane de la villa. Une grande croix latine symbolise d'ailleurs l'emplacement exact du lit funéraire.

Adresse Avenue Nicolas-II, 06000 Nice, www.sobor.fr | Transports en commun Tram 2, arrêt Alsace-Lorraine | Horaires d'ouverture Du lundi au vendredi de 10 h à 18 h, le samedi jusqu'à 17 h et le dimanche à partir de 12 h. Visite du mausolée sur réservation : visites.cathedrale.nice@gmail.com | À savoir Juste à côté de l'église russe, ne manquez pas la villa El Patio, construite entre 1906 et 1908. Inscrite au titre des monuments historiques et labellisée « Patrimoine du XXe siècle », la villa ne passe pas inaperçue avec ses façades de style hispano-mauresque. Elle ne se visite pas, mais le détour vaut la peine !

65 Le Message d'Ulysse

Quand Mai 68 voit naître un chef-d'œuvre

À Nice, l'art est partout. Au-delà des espaces muséaux, il prend place dans des lieux parfois inédits, comme la faculté de droit. Le campus accueille depuis 1968 un chef-d'œuvre réalisé et offert par le peintre Marc Chagall : *Le Message d'Ulysse*. Cette mosaïque monumentale de 11 mètres sur 3 recouvre plus de 30 mètres carrés de mur dans la salle des Pas perdus.

L'histoire de cette mosaïque n'est pas commune. Le 2 janvier 1967, le doyen de la faculté de droit alors en construction, Louis Trotabas, et le docteur Charles Alfred, ami de Marc Chagall, rendirent visite à l'artiste pour le convaincre de réaliser une mosaïque pour les étudiants. Le doyen lui proposa de travailler sur le thème de l'*Odyssée* d'après l'essai de Gabriel Audisio, *Ulysse ou l'intelligence*. Chagall accepta d'offrir ce cadeau à la jeunesse et, fasciné par les mythes et textes antiques, imagina une œuvre reprenant les aventures d'Ulysse. Le 11 août 1967, la maquette quitta son atelier pour celui des mosaïstes parisiens Melano, à qui l'artiste confia l'exécution. Avant de commencer, la maquette fut agrandie à taille réelle et toutes les scènes furent redessinées. En parallèle, à la faculté, le mur fut renforcé par un lit de béton et les différents matériaux pour réaliser l'œuvre furent rassemblés : onyx, émaux, verres ou encore des ors de Murano. Le chantier s'ouvrit le 5 mars 1968, supervisé par Chagall. Quelque 200 000 tesselles furent incrustées 5 mois durant, malgré les interruptions causées par la révolte étudiante de Mai 68. Au cours de l'une des émeutes, Chagall demanda même une échelle supplémentaire sur laquelle il se hissa pour s'adresser aux étudiants. Il avait alors 82 ans. Pendant 20 minutes, dans un silence religieux, il leur parla de la vie, de l'art, de l'amour, de la guerre, et termina sa tirade sous les applaudissements.

Le chantier se termina le 6 août, laissant place à une œuvre grandiose que l'on peut encore admirer aujourd'hui. Plus d'un demi-siècle après, elle n'a jamais été endommagée d'aucune façon.

Adresse Faculté de droit, avenue Doyen-Louis-Trotabas, 06000 Nice | Transports en commun Tram 2, arrêt Centre-Universitaire-Méditerranéen ou Magnan | Horaires d'ouverture Du lundi au vendredi de 8 h à 19 h, le samedi de 8 h à 13 h (sous réserve de cours le samedi matin) | À savoir Le Centre universitaire méditerranéen – C.U.M pour les intimes – propose un riche programme de conférences, concerts et colloques (65 promenade des Anglais, 06000 Nice, www.cum-nice.org).

66 Les mosaïques de la colline du Château

Ulysse revient

Pour tout Niçois qui se respecte, la colline du Château est un incontournable. Qui n'a jamais passé un dimanche ensoleillé en famille dans le parc ? Qui n'a jamais contemplé un coucher de soleil sur la baie des Anges depuis la terrasse Nietzsche? Le site est connu de tous et n'a aucun secret… enfin presque.

Avez-vous déjà prêté attention aux mosaïques colorées qui ornent le parc, notamment celles qui habillent l'escalier longeant les jeux pour enfants? Par leur tracé, elles nous mènent jusqu'au belvédère, à la vue plongeante sur le port de Nice, en nous contant une histoire mondialement connue : l'*Odyssée*. Ces mosaïques ont été créées dans les années 60, une dizaine d'années après le réaménagement du parc, par deux hommes : Charles Catherin, architecte en chef de la Ville de Nice, et Honoré Gilly, employé municipal et maçon. Si le premier a initié ce projet de création, c'est grâce au second que celui-ci a pu prendre vie. La thématique n'a pas été choisie par hasard : les mosaïques ont été pensées comme un clin d'œil à l'histoire de la ville de Nikaia, ancienne Nice, fondée par les Grecs alors installés sur cette colline vers le IVe siècle av. J.-C. Réalisées en galets et en morceaux de tuiles, de poteries ou encore de marbres, ces mosaïques narrent les aventures du héros grec Ulysse, de retour du siège victorieux de la ville de Troie. Ainsi, en arpentant l'escalier, vous replongez dans les nombreuses étapes de son périple, de sa rencontre avec les sirènes à son idylle avec la magicienne Circé en passant par sa confrontation avec le cyclope Polyphème, jusqu'à son retour en terre d'Ithaque pour rejoindre son épouse Pénélope et la libérer de ses prétendants. Le périple niçois se termine par une magnifique vue sur la mer et ces mots devenus mythiques : « Heureux qui, comme Ulysse, a fait un beau voyage ». D'autres mosaïques et calades sont éparpillées sur l'ensemble du site du château. À vous de les trouver et de lire leurs histoires !

Adresse Colline du Château, 06300 Nice | Transports en commun À pied depuis l'escalier de la tour Bellanda, quai Rauba-Capeù, ou depuis la montée Éberlé, rue Catherine-Ségurane. Accessible également par l'ascenseur public | Horaires d'ouverture D'octobre à mars de 8 h 30 à 18 h ; d'avril à septembre 8 h 30 à 20 h | À savoir Le parc du Château est aussi un terrain de jeu incroyable pour les amateurs de sport. De nombreuses sessions souvent gratuites sont proposées par des coachs sportifs certifiés. Et pour les plus courageux, c'est l'endroit idéal pour faire son footing… mais il faut d'abord monter par les escaliers !

67 Le mur d'expression libre

En perpétuel mouvement

Nice et le street art, c'est une belle histoire d'amour. Et comme dans toutes les histoires d'amour, il y a eu des hauts et des bas ! Mais les bas, c'était avant que le street art ne soit connu – et reconnu – comme un art à part entière. Les hauts, c'est maintenant. Aujourd'hui, la municipalité a changé de cap et initié de beaux projets autour de cet art urbain en inaugurant, petit à petit, des murs d'expression libre.

L'objectif est de mettre en place des espaces dédiés à la création afin d'inviter les jeunes à s'exprimer sur un espace d'art délimité et en perpétuel mouvement. Un premier mur d'expression libre a vu le jour en périphérie de la ville, dans le quartier de Las Planas, puis un second en centre-ville : le mur d'expression libre du XVᵉ-Corps, inauguré en janvier 2021. Un moment historique pour l'art urbain, qui gagnait enfin les zones réputées.

L'association Whole Street, qui œuvre à la promotion des arts de rue sur la Côte d'Azur, s'est vu confier l'aménagement de ce mur, décoré par les artistes Otom, Brian Caddy, Chika, Guitou Top Gun, César Malfi, Faben, Dzio, Wanjah et Artmakerone-right. L'endroit est en constante évolution : de plus de 70 mètres de long, le mur est ouvert à tous les artistes, qu'ils soient amateurs ou professionnels. Chacun est libre de s'exprimer pour faire de cette fresque une création vivante, les peintures pouvant être recouvertes et remplacées par d'autres à tout moment.

L'association n'a fixé aucune règle, mais les graffeurs doivent tout de même respecter une certaine éthique, par exemple ne pas recouvrir les graffitis fraîchement réalisés, surtout s'ils souhaitent seulement s'exercer. Dans ce cas, ils peuvent trouver des morceaux de mur libres à l'écart pour tester leur talent. Au-delà d'une initiative à destination de la jeunesse, ce projet cherche aussi à valoriser le quartier. Pour preuve, les riverains en sont ravis et demandent que le mur d'en face soit aussi investi. C'est désormais un mode d'expression à part entière qui se mêle à la vie des Niçois.

Adresse Avenue du XVe-Corps, 06000 Nice, www.wholestreetasso.fr | Transports en commun Tram 1, arrêt Acropolis ; Bus 35/37, arrêt XVe-Corps | À savoir Il existe des circuits de 2 ou 3 heures pour aller à la découverte des plus belles réalisations de street art et des fresques d'artistes locaux à Nice (réservation obligatoire sur www.nicestreetarttour.fr).

68 Le Mur de feu d'Yves Klein

Trois cents flammes pour une œuvre d'art

Le musée d'Art moderne et d'Art contemporain (MAMAC) est l'un des navires amiraux de la politique culturelle de Nice et de son rayonnement tant sur le plan national qu'international. Inauguré en 1990, le musée connaît aujourd'hui un vaste chantier de rénovation jusqu'en 2028 – date à laquelle il sera rouvert au public. Ce projet, qui s'inscrit dans l'extension de la promenade du Paillon, promet de beaux changements : plus de 400 mètres carrés de zone d'exposition supplémentaires, une entrée plus visible, de nouveaux espaces d'accueil et de restauration ainsi que la mise en valeur de la place Yves-Klein. Le toit-terrasse sera également transformé afin de proposer aux visiteurs une vue à 360 degrés sur toute la cité azuréenne.

Pendant la durée des travaux, les 1 440 œuvres exposées sont abritées dans des espaces sécurisés aux conditions climatiques contrôlées, en adéquation avec les normes imposées par le ministère de la Culture. Parmi ces trésors, le *Mur de feu* d'Yves Klein, installé sur le toit du musée depuis son ouverture, est certainement l'un des plus emblématiques.

Yves Klein fait en effet partie de l'ADN du MAMAC. Tout au long de son parcours, il a souhaité donner vie à des gestes symboliques dans ses différentes séries, à l'instar des « Anthropométries », des « Monochromes », mais aussi de ses « œuvres de feu », dont fait partie le mur. Pour les réaliser, il a travaillé au centre d'essais GDF sous la surveillance d'un pompier ! Composé de deux éléments de métal et de 10 rangées de becs Bunsen – 300 au total –, le *Mur de feu* est une œuvre hors du commun, qui fonctionne au gaz de ville. Une fois mise en flammes, elle dévoile au public un spectaculaire monochrome bleu en mouvement. Mais encore faut-il être là au bon moment : le *Mur de feu* est uniquement mis en marche lors d'événements spéciaux – comme la Nuit des musées –, pendant quelques minutes à la nuit tombée. Une rareté qui rend l'œuvre encore plus exceptionnelle.

Adresse Place Yves-Klein, 06000 Nice, www.mamac-nice.org | Transports en commun Tram 1, arrêt Garibaldi | Horaires d'ouverture Il faudra attendre la fin des travaux pour pouvoir admirer à nouveau le *Mur de feu* sur le toit du musée | À savoir En attendant sa réouverture, le MAMAC propose une riche programmation artistique hors les murs.

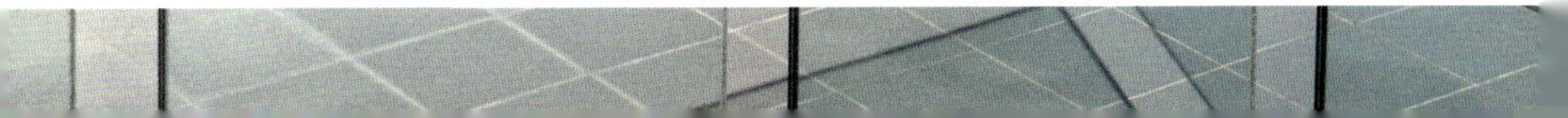

69 Le musée des Beaux-Arts

Une histoire de femmes

Nombreux sont les musées de Nice à être installés dans d'anciens palais ou demeures bourgeoises. C'est aussi le cas du musée des Beaux-Arts Jules-Chéret, dont l'architecture est inspirée de la Renaissance italienne. Celui-ci abrite une importante collection de peintures et de sculptures du XIIe au XXe siècle signées Fragonard, le Bronzino, Mossa, Dufy ou encore Jules Chéret, qui lui a donné son nom.

Ce splendide palais – dont l'escalier monumental et la verrière vous laisseront sans voix – n'aurait jamais pu voir le jour sans la contribution de la princesse ukrainienne Élisabeth Kotschoubey. Épouse du prince Léon Kotschoubey, la princesse était connue pour ses romances composées au piano. Collectionneuse d'art et amatrice de jardins et de botanique, elle acheta la parcelle des Baumettes en 1878 pour y faire construire son palais d'hiver, supervisant les travaux durant 5 ans. En revanche, on ne sait pas si elle y a vécu. Mais ce n'est pas la seule femme qui a marqué l'histoire du musée. En 1883, le riche industriel James Thomson devint propriétaire des lieux et acheva le chantier du bâtiment, renommé palais Kotschoubey-Thomson. Sa deuxième épouse, Anne Parsons, également pianiste, y organisait de somptueuses soirées et y a accueilli Emma Calvé, célèbre cantatrice.

En 1928, lorsque le musée fut installé dans la villa, acquise par la Ville en 1926, ses collections comptaient déjà des centaines d'œuvres données en grande partie par des femmes : Fanny Trachel, à l'origine de la création de l'école municipale d'arts plastiques, future villa Thiole ; Marie Bashkirtseff, peintre, sculptrice et diariste ; ou encore Ursule Ziem, épouse du peintre, qui fit don d'une importante série de tableaux. Par la suite, l'autrice Madeleine Zillhardt offrit des œuvres de Louise Breslau, et la modiste Émilienne Dufy légua un remarquable ensemble de la production de son époux. Le musée continue aujourd'hui de célébrer les femmes qui ont contribué à forger son histoire.

Adresse 33 avenue des Baumettes, 06000 Nice | Transports en commun Tram 2, arrêt Centre-Universitaire-Méditerranéen | Horaires d'ouverture Tous les jours sauf le lundi et certains jours fériés. De mai à octobre de 10 h à 18 h ; de novembre à avril de 11 h à 18 h | À savoir Dans le jardin du musée, une imposante sculpture – qui n'est autre que l'ancien balcon de la villa Neptune – est l'œuvre de Charles Cordier et d'un certain Auguste Rodin. Ce dernier serait aussi l'auteur des deux lions qui veillent désormais sur l'entrée de l'hôtel Westminster, sur la promenade des Anglais.

70 Le musée international d'Art naïf

Des sculptures XXL

Le musée international d'Art naïf Anatole-Jakovsky a ouvert ses portes en mars 1982 dans le quartier Fabron. Il a été installé dans le château Sainte-Hélène, l'ancienne demeure de François Coty, « le père de la parfumerie moderne ». Le musée a vu le jour grâce à une importante donation de la collection privée du critique d'art et écrivain Anatole Jakovsky. Celui-ci a consacré une bonne partie de sa vie à la défense de l'art naïf. Aujourd'hui très demandé par les marchands d'art brut, ce courant a longtemps été méprisé, car peu conventionnel.

Composée de peintures, sculptures, dessins, affiches et objets divers, la collection compte près de 600 œuvres venues de 27 pays différents et raconte l'évolution de cet art, du XVIIIe siècle à nos jours. Un ensemble unique au monde ! Le musée compte aussi un important dépôt provenant du centre Georges-Pompidou, des travaux de Camille Bombois, André Bauchant, Louis Vivin ou Séraphine de Senlis, pour ne citer qu'eux. La visite se prolonge dans le parc, où d'autres créations – certaines monumentales – attendent les visiteurs. Réalisées par l'artiste cannois Frédéric Lanovsky, d'étranges sculptures de 3 mètres de haut en moyenne nous transportent dans un monde imaginaire et joyeux. Composées de résine et de fibre de verre, elles ont été peintes à l'aide de pigments colorés et représentent des personnages affichant un large sourire : une famille avec un chien, un couple de vacanciers tenant un appareil photo, un roi sur son trône, un oiseau…

Aussi loin qu'il s'en souvienne, l'artiste a toujours été fasciné par les couleurs. Il en a d'ailleurs fait son métier, puisqu'avant d'être sculpteur, il était coloriste chez Cacharel. Il a d'abord réalisé des sculptures de 30 centimètres de haut, celles-là mêmes qui ont servi de modèles à ces sculptures au format XXL. La vie, il ne la voit pas en noir et blanc, et cherche à transmettre joie et bonheur par son travail. Alors, laissons-nous transporter dans ce monde tout en couleurs !

Adresse Château Sainte-Hélène, 23 avenue de Fabron, 06000 Nice | Transports en commun Tram 2, arrêt Fabron | Horaires d'ouverture Tous les jours sauf le mardi de 10 h à 12 h 30 et de 13 h 30 à 18 h | À savoir Pour prolonger la balade, direction le parc Carol-de-Roumanie, situé à 5 minutes à pied du musée. Idéal pour les familles, il se prête à merveille aux pauses pique-nique et aux jeux de plein air. Parc de l'ancien château de Fabron construit en 1870 sur le domaine du banquier Gastaud, il s'étendait à l'époque sur 23 hectares jusqu'à la mer.

71 Le musée national du Sport

L'armoire à musculation de Gambetta

Créé en 1963 sous l'impulsion de Maurice Herzog, secrétaire d'État à la Jeunesse et aux Sports, le musée du Sport a toujours eu pour vocation de collecter des objets et des œuvres d'art retraçant l'histoire du sport. Il ouvrit ses portes en 1979 sous le nom de musée du Sport français au Parc des Princes à Paris, mais ferma en 1998 en raison de la Coupe du Monde avant d'être déplacé dans le 13e arrondissement. Finalement, un nouveau projet vit le jour : installer le musée dans le stade de l'Allianz Riviera, qui accueillait les matchs de l'OGC Nice.

Le déménagement du site entre la capitale et Nice ne nécessita pas moins de 30 semi-remorques pour transférer les 45 000 objets et 400 000 documents qui composaient les collections. Le musée national du Sport ouvrit officiellement en 2014. Imaginés par l'architecte Jean-Michel Wilmotte, les espaces muséaux sont divisés en plusieurs parties accueillant des expositions temporaires, mais aussi l'exposition permanente, elle-même découpée en quatre grands espaces immersifs : « le défi sur soi », « le défi en duel », « le défi collectif » et « le défi au-delà des limites ». On y croise des objets de légendes du sport, toutes disciplines confondues : les gants de boxe de Marcel Cerdan, le maillot de foot du roi Pelé, la raquette du champion de tennis Yannick Noah ou encore les médailles olympiques depuis 1900 jusqu'aux jeux de Rio !

Des centaines d'objets d'exception ponctuent le parcours, mais il ne faut pas passer à côté de la partie historique : vous pourrez admirer de nombreuses pièces d'origine, comme un appareil de musculation utilisé par Léon Gambetta. Le principe de cette armoire à musculation, réalisée en chêne, était simple : le pratiquant devait soulever ou pousser un bloc carré chargé de différents poids. Ce bloc était suspendu par des liens glissant sur des poulies et terminés par des anneaux métalliques où l'on engageait ses mains et ses pieds. Ne dit-on pas « être bâti comme une armoire à glace » ?

Adresse Stade Allianz-Riviera, 6 allée Camille-Muffat, 06200 Nice, www.museedusport.fr | **Transports en commun** Tram 2/3, arrêt Stade | **Horaires d'ouverture** En hiver, du mardi au dimanche de 10 h à 17 h ; en été, du lundi au dimanche de 10 h à 18 h | **À savoir** Situé en plein cœur du stade, le musée propose toute l'année des visites guidées pour découvrir l'envers du décor des matchs de foot. L'occasion de voir les vestiaires, les bords de la pelouse ou encore les tribunes presse.

72 Le musée de la Photographie Charles-Nègre

Une sous-station électrique transformée en musée

Si vous êtes amateur d'expositions et de photographie, impossible de manquer le musée de la Photographie Charles-Nègre, situé sur la place Pierre-Gautier depuis 2016. Le musée, précédemment nommé Théâtre de la photographie et de l'image Charles-Nègre, se trouvait auparavant dans les murs de L'Artistique, une ancienne villa Belle Époque qui attirait tout le gratin mondain au XIXe siècle sur le boulevard Dubouchage (voir chap. 4). En 2016, la municipalité a souhaité offrir au musée une nouvelle place de choix au cœur du Vieux-Nice. Avant de devenir musée, l'endroit abritait le Forum d'urbanisme et d'architecture. Ce site de 500 mètres carrés est bien loin du style Belle Époque de L'Artistique, puisqu'il s'agit d'un ancien lieu de production d'électricité qui appartenait à EDF. Mis en service dans les années 30 pour l'alimentation électrique du quartier, il permettait de transformer le courant alternatif à haute tension en courant continu à basse tension. De cette époque subsiste d'ailleurs l'architecture industrielle – le fronton a été conservé – ainsi qu'un ancien pont roulant. Pour accueillir le musée – et surtout ses collections de photographies très délicates – dans des conditions optimales, les lieux ont été adaptés : la lumière naturelle a été occultée, des filtres anti-UV installés, les murs et les sols traités, et la scénographie modifiée.

Grâce à ce déménagement, le musée de la Photographie a pu enrichir son offre culturelle grâce, notamment, à l'ajout d'une galerie supplémentaire. Cette dernière est dédiée aux photographes de la région et aux expositions imaginées à partir du fonds du musée. Fidèle à son concept initial, l'institution met en avant les grands noms de la photographie historique et contemporaine des scènes internationale et française, au rythme de trois expositions annuelles. La fameuse galerie mitoyenne propose, quant à elle, quatre expositions annuelles – soit sept expositions au total au cours de l'année.

Adresse 1 place Pierre-Gautier, 06300 Nice, museephotographie.nice.fr | Transports en commun Tram 1, arrêt Opéra – Vieille-Ville | À savoir Le musée souhaite rendre l'art photographique accessible à tous grâce à des expositions et des performances artistiques hors les murs. Ainsi, l'incroyable exposition dédiée à Yann Arthus-Bertrand, dont une partie a été présentée sur la promenade du Paillon, a été vue par plus de 150 000 personnes.

73 Le musée Terra Amata

Le premier Niçois

Il y a plus de 400 000 ans, Nice était déjà habitée par des hommes préhistoriques. Cette découverte a été faite grâce à une importante campagne de fouilles archéologiques préventive en 1966. Les chercheurs ont retrouvé la trace de ces hommes dans le quartier de Terra Amata, où se trouve aujourd'hui un musée.

Les fouilles ont permis d'en savoir plus sur le mode de vie de ces *Homo erectus* européens, ancêtres de l'homme de Néandertal. Nomades, ils gagnaient la région de la fin août à début septembre, comme le montrent les pépins de raisin fossilisés retrouvés sur le site – les premiers touristes de Nice, en quelque sorte ! Sur place, ils ne vivaient pas dans des grottes, mais dans des cabanes en bois sur une plage de galets, à proximité des rives du fleuve Paillon, qui formait un delta de part et d'autre du rocher du Château.

Pas moins de 100 000 objets ont été découverts, dont des outils comme les bifaces, réalisés par percussion sur des galets, qui servaient à chasser, à découper la viande ou à affûter les armes de bois. Des restes d'animaux ont également été mis au jour : des cerfs, des aurochs – l'ancêtre de la vache –, des ours bruns et même des éléphants antiques, qui vivaient dans la région il y a fort longtemps !

La plus emblématique des trouvailles reste sans nul doute le petit fragment de dent humaine déniché parmi des dents de sanglier. Cette incisive déciduale supérieure droite – autrement dit une dent de lait – appartenait à un enfant de 7 ans. Les scientifiques n'ont pas pu déterminer le sexe de l'enfant, mais celui-ci a perdu sa dent naturellement alors qu'il accompagnait ses parents à la chasse. Il s'agit du deuxième plus vieux reste humain retrouvé en France – le premier a été retrouvé à Tautavel, dans les Pyrénées-Orientales – et certainement un des objets les plus importants de l'histoire de la ville. Nice n'a donc pas à rougir face aux autres grands sites archéologiques connus, comme celui de Lascaux ! Ce n'est pas un hasard si le musée attire des chercheurs du monde entier venus consulter ses collections.

Adresse 25 boulevard Carnot, 06300 Nice, www.musee-terra-amata.org | Transports en commun Tram 2, arrêt Port-Lympia | Horaires d'ouverture De novembre à avril, tous les jours sauf le mardi de 10 h à 17 h ; de mai à octobre, tous les jours sauf le mardi de 10 h à 18 h | À savoir Le musée Terra Amata est à la pointe de la technologie : il a développé sa propre application, qui propose 10 visites virtuelles différentes pour découvrir les lieux. On y trouve même un jeu à énigmes pour les enfants, qui partiront à la recherche des solutions dans les collections du musée.

74 Nicolas Alziari

Une histoire d'hommes… et de femmes

À Nice, peu de commerces traditionnels peuvent s'enorgueillir de fêter leurs 150 ans. C'est le cas de la maison Alziari, dont la boutique a pris ses quartiers à côté du cours Saleya en 1932. Dans cet établissement, le temps semble s'être arrêté malgré les travaux de rénovation. Trois grandes cuves rappellent l'époque où les clients venaient remplir eux-mêmes leur bouteille d'huile d'olive. Car ici, l'olive est reine et l'huile, son précieux liquide, se décline en plusieurs cuvées : César (AOP Nice), Prestige et Pauline.

À la fois producteur, moulinier et sélectionneur d'huiles d'olive d'exception, Alziari est garant d'un savoir-faire ancestral né en 1868. Cette année-là, un certain César Martin acheta un vieux moulin dans le quartier de la Madeleine pour fabriquer et commercialiser sa propre huile d'olive. À son décès durant la Première Guerre mondiale, c'est sa fille Jeanne qui reprit le flambeau seule, son mari Nicolas étant au front. Jeanne était solide comme un roc et travaillait comme un homme en plus d'élever ses trois enfants (Césarine, Ludovic et Pauline) et de s'occuper de la maison. À son retour en 1919, son mari décida d'ouvrir un magasin en ville, au 8 rue Gubernatis, pour vendre l'huile au détail ainsi qu'aux épiceries, hôtels et restaurants de la ville. En 1932, Nicolas offrit à sa fille Pauline un nouveau magasin à l'occasion de son mariage – celui de la rue Saint-François-de-Paule, devenu l'adresse emblématique de la maison. C'est d'ailleurs en ces lieux que Pauline a mis au monde son fils, Jean, dans l'arrière-boutique où sont aujourd'hui vendues les olives au détail.

Jean a repris la gestion du magasin jusqu'à sa retraite dans les années 90, laissant sa place à Gilles Piot, le frère du beau-fils de Jean. Depuis 2019, ce sont ses fils qui sont à la tête de cette petite structure familiale très appréciée des Niçois… mais pas seulement. L'huile d'olive aurait conquis les papilles de Sir Elton John ou encore de Jennifer Lopez.

Adresse 14 rue Saint-François-de-Paule, 06300 Nice, www.alziari.com.fr | Transports en commun Tram 1, arrêt Opéra – Vieille-Ville | Horaires d'ouverture Du lundi au samedi de 9 h à 19 h et le dimanche de 10 h à 19 h | À savoir Pour plonger dans l'histoire de la maison, des visites guidées du moulin à huile traditionnel sont proposées toute l'année. Il est également possible de rapporter sur place ses propres olives pour en récupérer la précieuse huile, que l'on soit professionnel ou amateur (318 boulevard de la Madeleine, 06000 Nice).

75_ L'observatoire de Nice

Les 6 000 feuilles d'or d'Apollon

Niché à 375 mètres d'altitude, l'observatoire de Nice a vu le jour il y a plus de 130 ans sous l'impulsion d'un mécène des sciences, Raphaël Bischoffsheim, et de plusieurs astronomes convaincus que Nice était l'endroit idéal pour étudier le ciel. Aujourd'hui, le site historique du mont Gros se définit notamment par sa grande coupole, un somptueux édifice imaginé par le célèbre architecte Charles Garnier. Lors de son édification, il souhaita faire de cet endroit, doté de la plus grande lunette de l'époque, un véritable temple de l'astronomie.

Garnier n'a pas lésiné sur les moyens pour rendre le bâtiment grandiose ! La coupole surgit au détour d'un chemin inattendu, avec une vue incroyable sur Nice. En s'approchant, on découvre un chef-d'œuvre architectural aux allures de monument égyptien. En point d'orgue, une sculpture large de 6 mètres, haute de 3,5 mètres et lourde de 2 tonnes orne la façade du bâtiment : *Apollon surgissant du Zodiaque* (ou *Le Génie de la Science*), tout d'or vêtu. Mais cela n'a pas toujours été le cas !

En 2018, un constat alerte : la statue, alors en bronze oxydé, est victime d'infiltrations d'eau, de fissures et de coulures. Apollon doit être restauré, au risque de s'effondrer sur la façade. En avril 2022, la sculpture part dans des ateliers à Périgueux pour être sauvée. L'équipe réalise plusieurs essais de patine, mais des examens scientifiques aux rayons X ont montré – contre toute attente – la présence de traces d'or tout autour de la sculpture. L'architecte en chef des monuments historiques décida donc de rendre à Apollon son apparence d'origine. Après plusieurs mois de travaux, la sculpture, alors enduite d'une sous-couche jaune poussin, fut réinstallée sur le fronton de la grande coupole avant d'être recouverte de feuilles d'or par un doreur ornemaniste expert en patrimoine. Pas moins de 6 000 feuilles furent nécessaires pour rendre à Apollon sa superbe et pour lui permettre de continuer à éclairer le monde avec ses deux flambeaux, la Sagesse et la Connaissance.

Adresse 96 boulevard de l'Observatoire, 06300 Nice, www.oca.eu | Transports en commun Bus 84, arrêt Observatoire | À savoir Lors de la visite guidée du site historique du mont Gros, vous découvrirez également l'espace ludique et interactif de l'Universarium, où une projection immersive vous aidera à répondre à la question « D'où venons-nous ? ».

76 Le palais Pauline

Le flatiron français

Dans le quartier de Carabacel, juste en face du lycée Sasserno, un immeuble étonnant attire l'attention. Du fait de ses façades couleur ocre, il ne passe pas inaperçu, surtout les jours de grisaille. Mais le plus étonnant est qu'il n'occupe qu'une toute petite parcelle de terrain délimitée par le croisement de la rue de Lépante et de l'impasse Meynell. Cet édifice, c'est le palais Pauline, un immeuble de cinq étages reconnaissable à sa rotonde surmontée d'un dôme d'angle. À sa construction, il était la propriété d'une riche famille niçoise, les Cauvin, qui possédaient de nombreux autres biens à Nice.

Avec sa forme triangulaire, on pourrait même prêter au palais Pauline une ressemblance avec le Flatiron Building, un célèbre immeuble new-yorkais nommé ainsi à cause de sa forme en fer à repasser (*flatiron* signifie « fer à repasser » en anglais). La silhouette caractéristique de cet immeuble emblématique est due au croisement de la Cinquième Avenue avec Broadway, seule avenue de New York ne respectant pas le plan d'alignement des autres artères. Les proportions du « building » niçois sont certes moins impressionnantes, mais la ressemblance est amusante !

Véritable chef-d'œuvre de l'Art déco, le palais Pauline a été édifié entre 1906 et 1911 par l'architecte niçois Charles Bellon. Ce dernier a également réalisé les deux immeubles voisins, aux n°s 4 et 6 de la rue. Diplômé de l'École nationale des beaux-arts de Paris vers 1890, il fut l'un des architectes les plus représentatifs de la Belle Époque, à l'origine de l'édification de magnifiques immeubles – entre 1898 et 1913, on en compte une quarantaine signée de sa main. C'est en partie grâce à Bellon que Nice a acquis son caractère bourgeois. Avant la construction de ce bâtiment, un projet d'immeuble de trois étages sur entresol avait été déposé par l'architecte Louis Dunski en 1878, mais il est finalement resté sans suite. Le palais Pauline, c'est la touche new-yorkaise et colorée dans le quartier de Carabacel !

Adresse 2 rue de Lépante, 06000 Nice | Transports en commun Tram 2, arrêt Durandy | À savoir Dans le prolongement du palais Pauline, n'hésitez pas à pousser la porte de La Dame au Cerf, un salon de thé et coffee shop qui propose des boissons et des petits plats salés et sucrés, 100 % faits maison, vegans et bios. Et ce, dans un cadre cosy et chaleureux, un brin magique.

77 Le palais de la Méditerranée

Un chantier titanesque pour le joyau de la Côte d'Azur

Au sortir de la Première Guerre mondiale, Nice entra dans une phase de construction frénétique, les touristes les plus riches choisissant la ville comme lieu de villégiature pendant l'hiver. Vint alors l'idée de créer une « maison des plaisirs » au centre de la promenade des Anglais, en sus du casino de la Jetée-Promenade et du casino municipal. Le projet de casino le plus beau du monde a vite été acté grâce au soutien du milliardaire américain Frank Jay Gould. Pour ce faire, il s'entoura de Joseph Aletti, surnommé « le Napoléon de l'hôtellerie », et du casinotier Édouard Baudoin, à qui il confia la direction générale de l'établissement.

L'imposant bâtiment Art déco en béton armé émergea de terre en un an grâce à une équipe de 350 ouvriers. Des élévations et des portées jamais égalées jusque-là furent autorisées. Une ancienne carrière de pierre romaine aux environs de Nîmes fut même remise en exploitation pour le chantier. Des colonnes de granit de 15 tonnes furent acheminées par bateau et train. La réalisation des bas-reliefs sur le fronton de la façade sud fut, quant à elle, confiée à Antoine Sartorio, célèbre pour ses sculptures monumentales. Il réalisa deux chevaux majestueux se cabrant face au soleil et entourés de deux femmes, symbolisant humblement le rayonnement du palais. Un joyau !

Le palais de la Méditerranée fut inauguré en deux fois, le casino n'ayant pas reçu l'autorisation d'exploitation à temps. Le 10 janvier d'abord, on ouvrit en grande pompe le théâtre et le restaurant. Ce soir-là, le directeur fit venir 500 orchidées de Hollande pour les offrir aux dames. Le 26 janvier, ce fut au tour des salles de jeux d'être inaugurées. Le casino entra alors dans une ère d'abondance, durant laquelle toute la bourgeoisie et des célébrités comme le président de la République Gaston Doumergue se pressèrent autour de ses tables. Mais dans les années 70, l'établissement fit face à de nombreuses difficultés et la société d'exploitation fut mise en liquidation judiciaire.

Adresse 13 promenade des Anglais, 06000 Nice | Transports en commun Tram 1, arrêt Masséna | À savoir En 1990, le casino fut entièrement démoli, à l'exception de ses façades, classées monuments historiques in extremis. Il fallut attendre 2001 pour qu'il soit reconstruit. Le Hyatt Regency Palais de la Méditerranée reste aujourd'hui un des plus beaux hôtels de Nice et de la Côte d'Azur.

78 Le palais d'York

Le premier hôtel pour voyageurs

Nice peut s'enorgueillir de compter de nombreux « palais », qui étaient auparavant de riches demeures aristocratiques et qui portent encore une partie de l'histoire de la cité. C'est le cas du palais d'York. Situé dans le Vieux-Nice, à l'angle de la rue de la Préfecture et de la rue du Marché, il a été édifié entre 1762 et 1768 par le premier comte de Cessole, Honoré-François Spitalieri. L'édifice se distingue notamment par sa magnifique porte-cochère – la plus belle de la ville – datant de 1766, mais dont les ferronneries ont été ajoutées au XIXe siècle.

La partie centrale du palais d'York abrita le consulat de France jusqu'en 1790, puis l'hôtel d'York, l'un des premiers hôtels de voyageurs de Nice. La partie latérale du bâtiment resta, quant à elle, la résidence de la famille Spitalieri. Cet hôtel fut le théâtre de plusieurs événements historiques et reçut la visite d'illustres personnages historiques, comme le célèbre Thomas Jefferson. Avant de devenir le troisième président des États-Unis, Jefferson était ambassadeur en Europe et séjourna dans l'établissement en avril 1787. Il y découvrit notamment le vin de Bellet, qu'il élut « meilleur vin du monde ». C'est également dans ce bâtiment que fut organisé un grand banquet en l'honneur de Joseph Garibaldi, de retour d'Amérique, en 1848. Puis, au moment de l'annexion de Nice, ces murs accueillirent presque toutes les réunions publiques.

Le palais familial fut aussi le siège d'une riche vie sociale et culturelle. C'est au cours d'un dîner offert par Joseph de Cessole qu'auraient été évoquées les prémices de l'alliance franco-russe dans les années 1890. Enfin, la plupart des grands musiciens du XIXe siècle, à l'instar du violoniste Nicolo Paganini, y ont été accueillis par les comtes Hilarion et Eugène de Cessole. La façade principale et la toiture ont été inscrites au titre des monuments historiques en 1949. Depuis, l'imposante demeure veille sur la place du Palais-de-Justice.

Adresse 5 et 7 rue de la Préfecture, 06300 Nice | Transports en commun Tram 1, arrêt Opéra – Vieille-Ville ou Cathédrale – Vieille-Ville | À savoir Ne manquez pas de vous attabler au Bar de la Dégustation, situé juste à côté du palais d'York. Ce bistrot est une institution ! On y vient le matin pour le café, le soir pour l'apéro, et pour un dîner aux saveurs du marché avec une touche latino-américaine (7 rue de la Préfecture, 06300 Nice).

79 Le Palladium

Quand la déesse Athéna monte la garde

Au croisement du boulevard Gambetta et du boulevard Tzarewitch, en marchant en direction de la magnifique cathédrale Saint-Nicolas, un arrêt s'impose devant l'immeuble Le Palladium. Réalisé en béton coloré à la demande d'un certain Grégoire Joukoff en 1930, le bâtiment est une véritable pépite de style Art déco. Il a été bâti sur les plans de Paul Labbé, second grand prix de Rome en 1922, et de l'architecte niçois Gaston Nénot.

Sa particularité ? L'immeuble est une ode à la Méditerranée et à la période antique, avec ses références aux mythologies grecque et romaine. Preuve en est, l'ensemble immobilier héberge une gardienne pas comme les autres : la déesse Pallas Athéna. Dotée d'une lance, d'un casque et d'un bouclier, la géante de pierre ne passe pas inaperçue… et n'a pas l'air de vouloir être dérangée. Installée dans la cour intérieure, côté boulevard Tzarewitch, elle est l'œuvre du sculpteur italien César Chiavacci. C'est à cet artiste que l'on doit aussi la magnifique fontaine aux Dauphins de la place Saint-François, dans le Vieux-Nice. Si on l'observe de plus près, l'immeuble fait aussi écho à l'Orient, avec des fleurs de lotus qui ornent les chapiteaux.

Situé dans un quartier en plein développement à sa construction, Le Palladium a malheureusement pâti de la proximité du chemin de fer. Au cours de la Seconde Guerre mondiale, il a subi de nombreux dégâts causés par les bombardements de la gare Thiers, à quelques centaines de mètres de là. Les garde-corps en béton, dont certains avaient été endommagés, ont été remplacés par des modèles en métal ouvragé.

Finalement, la construction de la voie rapide dans les années 70, juste en face de l'immeuble, a eu raison de sa splendeur. Depuis, le bâtiment souffre de son environnement urbain, mais reste un témoignage précieux de l'architecture Art déco de Nice et de son histoire.

Adresse 77 boulevard Gambetta, 06000 Nice | Transports en commun Tram 2, arrêt Alsace-Lorraine | À savoir En remontant le boulevard Gambetta, vous tomberez sur une petite impasse perpendiculaire baptisée rue du Rocher. Elle a, comme son nom l'indique, la particularité d'être agrémentée d'un (faux) rocher, vestige de l'exposition internationale de Nice qui eut lieu en 1883.

80 Les palmiers de Nice

Des phénix qui n'ont pas dit leur dernier mot

Les palmiers sont à Nice ce que la tour Eiffel est à Paris : un symbole ! Au total, plus de 6 000 arbres parsèment la ville, dont 1 300 bordent la fameuse promenade des Anglais, lui conférant cette touche exotique. Mais si les palmiers sont aujourd'hui incontournables, ils n'ont pas toujours fait partie du paysage.

Leur présence est attestée sur la Côte d'Azur depuis le XVIIIe siècle – le peintre Joseph Vernet a fait figurer des palmiers sur sa représentation du port d'Antibes en 1757. En 1816, le naturaliste Aubin-Louis Millin mentionna dans *Voyage en Piémont, en Savoie, à Nice et à Gènes* deux spécimens installés dans le jardin des Capucins à Nice ; ils fournissaient des palmes pour le dimanche des Rameaux. Selon lui, on en trouvait de-ci de-là dans la commune, mais c'est surtout à Bordighera, à la frontière italienne, qu'ils se sont multipliés. En 1844, Antoine Risso affirmait dans son *Nouveau guide du voyageur dans Nice et notices sur l'histoire civile et naturelle de cette ville* qu'un spécimen de palmier dattier *Phœnix dactylifera* particulièrement grand – d'une hauteur de 25 mètres – pouvait être admiré dans la cité azuréenne. L'espèce la plus communément plantée est le *Phœnix canariensis*, le palmier des Canaries, introduit à Nice en 1864 par le vicomte de Vigier. Dans les années qui suivirent, entre 1867 et 1878, il commença à être utilisé en alignement dans les parcs publics et privés pour satisfaire les envies des riches hivernants. Cette tendance a pris de l'ampleur jusqu'à la fin du XIXe siècle.

Si les palmiers font toujours rayonner Nice, ils sont sérieusement menacés par le charançon rouge, un insecte ravageur. Ce coléoptère originaire d'Asie du Sud-Est ne mesure que 3 centimètres de long sur 12 millimètres de large, mais il sème la terreur dans tout le Bassin méditerranéen en dévorant l'intérieur des palmiers. Pour en venir à bout, la municipalité a mis en place de nombreuses mesures efficaces, notamment l'utilisation d'un bio-insecticide. Le phénix n'est pas près de s'éteindre.

Adresse Promenade des Anglais, 06000 Nice | Transports en commun Tram 1, arrêt Masséna, Opéra – Vieille-Ville ou Cathédrale – Vieille-Ville | À savoir Le parc Phœnix tire son nom du *Phœnix canariensis*. Il compte d'ailleurs 350 spécimens de palmiers de 52 espèces différentes : 31 dans la serre et 21 à l'extérieur (voir chap. 98).

81 Le parking Corvésy

Un grand bouchon mordu

L'art est indissociable de Nice, véritable musée à ciel ouvert si on prend le temps d'ouvrir grand les yeux. Aux arrêts de tramway, sur les places ou dans les jardins, les œuvres d'art contemporain s'invitent partout dans la ville… et même à la sortie d'un parking public ! En effet, dans le Vieux-Nice, juste à côté de la sortie piétonne du parking Corvésy et de l'entrée de l'annexe de la mairie, une sculpture peu commune trône sur le mur. *Le Grand Bouchon mordu* représente un capuchon de stylo bille noir mordillé. Sculptée en fibre de verre, l'œuvre mesure près de 3,8 mètres de haut et pèse plus de 300 kilogrammes.

Derrière cette création se cache l'artiste plasticien Julien Gudéa, spécialiste des sculptures surdimensionnées, notamment connu pour ses allumettes brûlées ou sa pomme mordue. Le bouchon, quant à lui, est le premier de sa collection. Il lui a été commandé en 2014 par un mécène privé, propriétaire de plusieurs agences immobilières à Nice, qui avait repéré l'artiste lors de l'une de ses expositions en 2000. Pourquoi mordu ? De stress, d'impatience, d'énervement… mordiller le capuchon de son stylo est une chose commune. Mais une œuvre d'art pour la représenter ne l'est pas. L'artiste a ainsi réalisé la sculpture en 6 mois, entièrement à la main, mais il a fallu attendre 5 ans pour qu'elle soit dévoilée au grand jour et installée avec l'accord de la Ville.

Nîmois d'adoption, l'artiste a passé son enfance entre Nice et Villefranche-sur-Mer, où ses grands-parents possédaient une maison. Son grand-père était sculpteur ; une fondation-musée lui rend d'ailleurs hommage dans la citadelle du village côtier. Par ses œuvres, Julien Gudéa souhaite surprendre le public, innover, créer de la poésie en ville et rendre l'art accessible à tous, puisque l'on peut aisément l'utiliser pour des mises en scène. On retrouve d'autres de ses sculptures monumentales un peu partout en France, mais aussi en Europe.

Adresse 1 rue de l'Hôtel-de-Ville, 06300 Nice, www.gudea.fr | Transports en commun Tram 1, arrêt Opéra – Vieille-Ville ou Masséna | À savoir Après le stylo, le papier ! Juste en face de la sculpture, impossible de manquer la papeterie Rontani, l'une des plus anciennes de Nice. Depuis plus de 100 ans, elle est tenue par la même famille, soit quatre générations (5 rue Alexandre-Mari, 06300 Nice) !

82 Le Patio

Le restaurant le plus secret du Vieux-Nice

Depuis le quai Rauba-Capeù, on ne peut s'imaginer que se niche juste au-dessus l'une des adresses les plus secrètes de Nice : l'hôtel La Pérouse, dominant la baie des Anges. Blotti contre la colline du Château, cet hôtel a vu le jour en 1936 après plusieurs changements et remodelages du bâtiment initial, qui abritait la pension Clérissi, bâtie au milieu du XVIIIe siècle.

L'hôtel La Pérouse – nommé ainsi en hommage au célèbre aventurier et navigateur – évoque un bateau, avec ses chambres qui offrent presque toutes une vue plongeante sur la mer. Loin d'être un repaire de pirates, ce boutique-hôtel est un petit paradis préservé, estampillé 4 étoiles et habité par l'esprit de la Riviera. Mais son cadre n'est pas son seul trésor : ses murs abritent également un restaurant avec une terrasse intimiste, Le Patio. Véritable havre de paix à l'abri des regards, l'établissement a pris place au milieu de citronniers centenaires et d'un magnifique jasmin grimpant de Grasse, dont les effluves viennent titiller les narines aux beaux jours. Cette adresse a été pensée telle une ode à la nature et à la Méditerranée, avec des clins d'œil aux grands artistes. Ainsi, les plateaux des tables en lave émaillée sont décorés de dessins librement inspirés de l'œuvre de Cocteau.

En cuisine, c'est le chef Damien Andrews, auparavant chef du restaurant gastronomique du Cap Estel à Èze, qui officie. Il y signe une carte raffinée, basée sur son amour pour la région niçoise. Le tout est travaillé avec des produits locaux et de saison. Parmi ses plats fétiches, on pourra déguster un carpaccio de daurade assaisonné à la framboise fraîche et à l'huile de gingembre, une queue de lotte rôtie au thym avec petits artichauts violets et olives niçoises, ou encore une tartelette au citron et poudre de thé vert matcha. Des trésors gustatifs à découvrir à travers le menu « Promenade au Patio » ou à la carte, pour une pause hors du temps et poétique sous le signe de l'authenticité.

Adresse 11 quai Rauba-Capeù, 06300 Nice, www.le-patio-restaurant-nice.com | Transports en commun Tram 2, arrêt Port-Lympia | Horaires d'ouverture Tous les jours de 12 h à 14 h et de 19 h à 22 h. Bar de 12 h à 23 h | À savoir L'hôtel La Pérouse a fermé ses portes pour d'importants travaux d'embellissement entre la fin de l'année 2022 et le début de l'année 2023. Tout a été repensé pour faire de ce boutique-hôtel un lieu magique, proche d'une maison de famille. L'hôtel compte 53 chambres et suites avec vue sur la mer, ainsi qu'un toit-terrasse solarium panoramique (www.hotel-la-perouse.com).

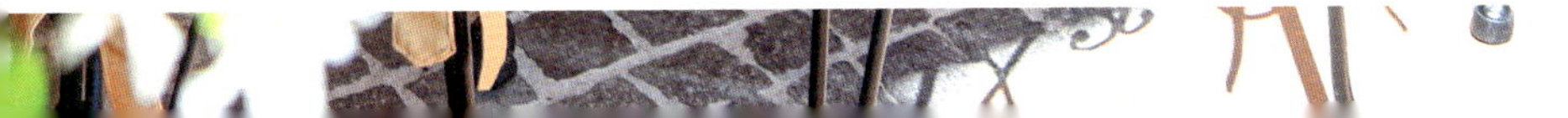

83 La pension de Nietzsche

Quand Nice inspirait la philosophie

C'est en consultant un guide touristique que Friedrich Nietzsche a pris la décision de venir s'installer dans la cité azuréenne ! Le livre expliquait que Nice offrait « 220 jours de soleil par an », un climat idéal pour la santé fragile de l'homme de science. Il posa ses valises pour la première fois le 2 décembre 1883 dans une chambre modeste, située au second étage du n° 38 de la rue Catherine-Ségurane, sur le port. Il n'y resta qu'une quinzaine de jours à cause du manque de confort, puis partit s'installer dans la villa Mazzoleni, dans le quartier Saint-Philippe. Mais des déboires avec le propriétaire l'amenèrent à la quitter. Début janvier, il trouva refuge dans un havre de paix : la Pension de Genève, située rue Rossini.

Ce premier séjour eut une importance capitale pour la philosophie européenne. En plus de se refaire une santé, Nietzsche y poursuivit l'écriture de son maître-ouvrage : *Ainsi parlait Zarathoustra*. Le philosophe aimait se balader dans le Vieux-Nice et fréquenter le salon Visconti, sur le cours Saleya. Suivant les conseils de son médecin, il se rendait souvent au mont Boron. C'est lors d'une montée pénible de la gare d'Èze jusqu'au village qu'il retrouva l'inspiration et reprit l'écriture du troisième chapitre de son œuvre phare.

Nietzsche revint à quatre reprises à Nice pour terminer l'écriture de *Zarathoustra*. Il logea principalement à la Pension de Genève lors de son second séjour, puis au 26 rue François-de-Paule pour sa troisième visite. Son quatrième passage débuta, quant à lui, à la pension et se termina au 29 rue des Ponchettes. Il retrouva la Pension de Genève pour une dernière fois jusqu'en avril 1888, date à laquelle il partit pour Turin.

Quelques mois plus tard, celui qui écrivit à propos de Nice « nous avons besoin du Sud à tout prix, d'accents limpides, innocents, joyeux, heureux et délicats » fut pris d'une crise de délire en plein centre de Turin et sombra peu à peu dans la folie jusqu'à sa mort le 25 août 1900.

Adresse 38 rue Catherine-Ségurane, 06300 Nice | Transports en commun Tram 2, arrêt Port-Lympia ou Garibaldi – Le Château | À savoir Venez tester votre culture générale au Quiz Room Nice. Divers jeux et blind tests vous attendent pour des moments de rire garantis entre amis ou en famille (36 rue Catherine-Ségurane, 06300 Nice, www.quiz-room.com/villes/nice).

84 La place Garibaldi

Démêler le vrai du faux

L'une des caractéristiques de Nice, ce sont ses façades qui ont l'art de nous mentir : ce que l'on croit vrai est faux, ce qui est faux est pourtant vrai. C'est le principe même du trompe-l'œil, un art plastique qui consiste à donner l'illusion au spectateur que le décor est en relief. Le résultat est obtenu par un jeu de lumières et d'ombres qui met en exergue les reliefs et fait croire à la réalité des objets et des décors peints. Bluffant !

Déjà présentes à Pompéi durant l'Antiquité, les peintures en trompe-l'œil réapparaissent à la Renaissance et marquent l'époque baroque. Importée par des peintres génois au XVIIe siècle, la technique est utilisée sur de nombreuses façades du centre-ville de Nice. On en trouve à tous les coins de rue : sur la devanture de la chapelle de la Visitation Sainte-Claire dans le Vieux-Nice, sur celle de la petite église Saint-Roch, ou encore du côté de l'esplanade Georges-Pompidou, sur la promenade des Anglais.

Mais l'endroit qui réunit les plus beaux spécimens est sans nul doute la place Garibaldi. D'inspiration baroque, la place, ancien point de départ de la route qui menait à Turin à la fin du XVIIIe siècle, est recouverte de 6 500 mètres carrés de décors en trompe-l'œil. C'est l'une des rares places en Europe à en être décorée sur ses quatre côtés.

De 2010 à 2012, un grand plan de restauration lui a permis de retrouver sa superbe et ses décors historiques basés sur les dessins d'origine, des aquarelles et des lithographies conservées dans les archives turinoises. Des photographies datées de 1860 à 1910 – comme celles de Jean Gilletta – ont également constitué un précieux support pour rendre à la place son aspect d'origine. Au total, ce projet a fait appel à huit architectes, sept entreprises, une vingtaine de fresquistes, neuf syndics et treize copropriétés. Aujourd'hui, peu importe où vous posez les yeux, difficile de dire quelle façade est réelle ou non !

Adresse Place Garibaldi, 06300 Nice | Transports en commun Tram 1, arrêt Garibaldi | À savoir Dans les années 50, à la place de la fontaine érigée en l'honneur de Joseph Garibaldi, il y avait un bassin dont les enfants pouvaient faire le tour dans une petite barque à rames en échange d'une pièce de monnaie.

85 La place de la Halle-aux-Herbes

Laissez parler les pierres

Si le marché du cours Saleya est aujourd'hui emblématique, cela n'a pas toujours été le cas. Jusqu'en 1861, date de sa création, les maraîchers étaient installés plus au nord, contre la cathédrale Sainte-Réparate, sur la place de la Halle-aux-Herbes. On y vendait, comme son nom l'indique, des herbes, autrement dit des salades.

Avant de devenir un lieu de commerce à la fin du XVIe siècle, la place était un cimetière urbain par lequel on rentrait dans l'ancienne église Sainte-Réparate. Quand celle-ci fut élevée au rang de cathédrale, elle fut modifiée pour être orientée vers l'est, sur le modèle de l'église Sainte-Suzanne de Rome. Le cimetière disparut alors, laissant la place au marché aux herbes, à différencier de celui aux poissons de la place Saint-François et de celui aux fruits et légumes de la place du Jésus. Aujourd'hui, à part le nom, il ne reste plus de trace du marché. Enfin, presque… Si on prend le temps de se perdre dans une ruelle perpendiculaire à la place, on peut observer un étrange dessin gravé dans la pierre sous un linteau daté de 1860. Celui-ci représente un jeune homme tout sourire avec un bonnet de pêche, assis dans un tonneau.

À l'époque, cette gravure était un repère pour indiquer aux livreurs ne sachant pas lire que la marchandise devait être déposée ici, à l'entrée de service du restaurant Da Bouttau, fondé en 1860 par Alexandre Bouttau. Aujourd'hui, l'enseigne a cédé sa place au restaurant Le Romarin, mais Da Bouttau était une véritable institution à l'époque. Il fut d'ailleurs le lieu qui scella à jamais le destin amoureux du célèbre poète et écrivain Guillaume Apollinaire : le 27 septembre 1914, quelques mois avant son départ pour le front, le jeune homme tomba sous le charme de Louise de Coligny-Châtillon, infirmière bénévole, alors qu'il déjeunait chez Da Bouttau. Ce jour-là, il offrit un bouquet d'œillets à celle qui devint Lou, sa muse et l'amour de sa vie.

Adresse Ruelle de la Halle-aux-Herbes, 06300 Nice | Transports en commun Tram 1, arrêt Cathédrale – Vieille-Ville | À savoir Pour se régaler de pâtes faites maison, un détour par la Clé aux Pâtes, un fabricant de pâtes fraîches et de raviolis depuis 1932, s'impose. Mention spéciale pour les merda di can, une spécialité de Nice (8 rue de la Boucherie, 06300 Nice, www.cleauxpates.fr).

86 La plaque à Paganini

Le diable qui s'habillait en violoniste

Le violoniste et compositeur génois Niccolò Paganini a eu une chance inouïe, si l'on peut dire : il a fait autant parler de lui de son vivant qu'après sa mort ! Invité par son ami le comte de Cessole, le musicien arriva à Nice en 1836 et posa ses valises au 23 rue du Gouvernement, devenue la rue de la Préfecture. C'est dans cette demeure qu'il vécut les dernières années de sa vie.

Paganini n'était pas aimé des habitants du quartier. Malgré le succès sans précédent de ses concerts, il leur semblait si doué et si étrange – ses doigts étaient anormalement flexibles, probablement en raison d'un syndrome de Marfan – qu'ils le soupçonnaient d'avoir pactisé avec le Diable. De plus, rendu pratiquement muet par un cancer du larynx, il devait se pincer le nez pour parler. On se signait en passant devant son immeuble et certains racontèrent même que les cordes de son violon étaient faites en boyaux de femmes.

Atteint d'un cancer, Paganini mourut chez lui le 27 mai 1840, à 57 ans, et la nouvelle – « le Diable est mort ! » – se répandit rapidement dans le quartier. L'évêque de Nice refusa toute inhumation chrétienne et voulut même intenter un procès en sorcellerie à sa dépouille. Le comte de Cessole s'y opposa fermement et dissimula le corps dans une cuve à huile disposée dans sa chapelle privée. Il fit ensuite porter le corps au Lazaret de Villefranche-sur-Mer, avant de le déplacer, de nuit, en barque, jusqu'au cap Ferrat, où on l'enterra dans la propriété du comte Caïs de Pierlas. En avril 1844, le roi Louis-Philippe ordonna le transport du corps à Gênes, toujours clandestinement. Mais les Génois n'en voulurent pas non plus. C'est finalement l'impératrice Marie-Louise qui accueillit la dépouille dans sa villa de Parme. En 1876, Paganini fut réhabilité par l'église et enfin enterré dans le vieux cimetière de la Villetta. Il fallut attendre 1896 pour qu'un tombeau à la hauteur de son génie soit édifié. Son errance posthume aura duré 56 ans, soit presque autant que sa vie !

Adresse 23 rue de la Préfecture, 06300 Nice | Transports en commun Tram 1, arrêt Cathédrale – Vieille-Ville ou Opéra – Vieille-Ville | À savoir Juste en face de la demeure de Paganini, le pâtissier LAC propose une belle collection de pâtisseries raffinées, de chocolats ainsi que de macarons. Coup de cœur pour celui au caramel beurre salé, qui mérite absolument le détour (12 rue de la Préfecture, 06300 Nice, www.patisseries-lac.com) !

87 Les pointus du port

Des centenaires à la mer

Le port de Nice ne serait pas le port de Nice sans ses pointus ! Véritables fiertés locales, ces petites embarcations en bois, aux couleurs et aux noms multiples, font partie du patrimoine maritime de la ville. Le nom de « pointu » leur a été donné par des marins bretons au XIXe siècle, en raison de la forme pointue de la poupe et de la proue qui leur permet d'affronter les vagues sans danger. Avant cela, on les appelait les gourses.

À l'origine, les pointus étaient construits pour les pêcheurs qui vivaient aux Ponchettes, dans des baraques construites entre la terrasse et la mer. Par la suite, ces derniers se sont installés avec leurs familles dans le quartier du Malonat. Pendant que les hommes partaient en mer, leurs femmes vendaient le poisson à la criée le matin et s'occupaient de raccommoder les filets de pêche l'après-midi. Au fil des années, le métier s'est peu à peu perdu et les bateaux ont disparu progressivement. En 1807, les annales du comté de Nice recensaient 130 barques de pêche sur le port, puis 155 en 1822. Aujourd'hui, il n'en reste que 80. Elles sont gérées par l'association La Mouette, dont l'emblème n'est autre qu'une mouette rieuse. Fondée en 1937 par une poignée d'amis passionnés, l'association se donne pour objectif de sauvegarder les pointus et de les faire rayonner, dans le respect des traditions niçoises. Certains métiers, comme celui de charpentier maritime, ayant depuis disparu, on ne trouve plus de professionnels pour construire de pointus. Ainsi, les membres les réparent, les repeignent et les entretiennent eux-mêmes pour les maintenir en vie, dans une bonne humeur et une solidarité inégalée !

Certains bateaux ont plus de 100 ans ! C'est le cas du *Bon Retour*, un des plus vieux de la flotte, sorti du chantier Di Stefano au Cros-de-Cagnes en 1923. Il mesure 6,94 mètres de long et 2,12 mètres de large. Tous les pointus ont leur propre histoire : *La Flibuste, Lou Maniac, Le Désir, Le Petou, Lou Cadajou*… On espère les voir naviguer encore de nombreuses années.

Adresse Port de Nice, quai Entrecasteaux, 06300 Nice, www.lespointusdenice.com | Transports en commun Tram 2, arrêt Port-Lympia | À savoir Dans les années 60, l'opéra de Nice embauchait des pêcheurs en tant que machinistes en hiver. Voilà qui explique les concordances entre certains termes marins et ceux employés pour les décors de scène. Ainsi, on ne dit pas « une corde », mais « un fil » ou « un bout ». De plus, tous les nœuds marins sont aussi utilisés à l'opéra.

88 La porte Fausse

De passage obscur à œuvre d'art

Chaque jour, des milliers de Niçois et de touristes passent par l'escalier de la Porte-Fausse pour rejoindre le Vieux-Nice depuis le boulevard Jean-Jaurès, et vice versa. Transformée dans la seconde moitié du XXe siècle, cette porte n'était, à l'origine, qu'un petit passage sombre et étroit pour rejoindre la ville basse. Aménagé sur les vestiges d'une ancienne poterne issue des fortifications qui entouraient la ville, ce passage était en fait la porte d'un immeuble traversant dans lequel le maître luthier Albert Blanqui avait installé son atelier. Pour accéder plus rapidement à ce qui était le quartier des tripiers, les Niçois passaient alors par cette porte clandestine, d'où son nom actuel. En 1946, le luthier décida de léguer son immeuble à la Ville à condition que celle-ci change ce couloir obscur en un passage public ouvert à tous. La municipalité transforma ainsi les lieux et créa un escalier.

Dans ce passage, tout est faux, y compris la boîte aux lettres ! À l'époque, la coutume voulait que les habitants y déposent leurs souhaits écrits sur de petits bouts de papier. Finalement, la boîte fut enlevée et sa fente colmatée dans les années 60, car certains y glissaient de véritables courriers qui n'arrivaient jamais à destination ! A contrario, la fontaine édifiée en 1830 juste à côté de la porte Fausse est vraie. C'est là que les tripiers lavaient les boyaux et abats qu'ils vendaient par la suite. Imaginez l'odeur !

Plusieurs décennies plus tard, la porte Fausse est devenue le symbole du retour de la ville moderne à la ville traditionnelle. Traverser cette porte donne l'impression de voyager dans le temps et d'être transporté à une autre époque ! En 2007, à l'arrivée de la ligne 1 du tramway, le passage fut même réhabilité et décoré par l'artiste Sarkis avec une voûte dorée, du marbre vert et une nouvelle boîte aux lettres nommée *Les Postes restantes* – 100 % fausse cette fois ! La porte Fausse et son escalier constituent désormais une des étapes du musée à ciel ouvert qui longe la ligne de tram.

Adresse 40 boulevard Jean-Jaurès, 06300 Nice | Transports en commun Tram 1, arrêt Cathédrale – Vieille-Ville ou Opéra – Vieille-Ville | À savoir Le restaurant Le Comptoir du Marché propose, depuis 2011, une cuisine fraîche et de saison dans une ambiance bistrot d'un côté, et rétro de l'autre. Un coup de cœur gourmand à ne pas manquer (8 rue du Marché, 06000 Nice, www.comptoirdumarche.fr).

89_Les portes du palais Lascaris

Quand les portes volent

Situé en plein cœur du Vieux-Nice, le palais Lascaris est l'un des monuments les plus remarquables de la ville. Rien que son vestibule et son escalier monumental donnent le ton ! Il a été édifié au milieu du XVIIe siècle pour la *principalissima* des familles de la noblesse niçoise, les Lascaris-Vintimille, dont les armoiries représentent un aigle à deux têtes couronnées tenant dans leur bec la devise *Nec me fulgura* (« Même la foudre ne peut me tuer »). Le *palazzo* est devenu un musée en 1963 après bien des mésaventures, dont un abandon après la Révolution, une mise en vente, des dégradations et enfin un rachat par la Ville en 1942, qui lui a permis d'obtenir en 1946 le précieux sésame : son classement au titre des monuments historiques.

Aujourd'hui témoin de l'architecture baroque niçoise, ce joyau a nombre d'histoires à conter. Ainsi, on ne manquera pas les plafonds peints de ses chambres, de la chapelle et de son alcôve, réalisés par des artistes génois. Ils relatent des légendes gréco-romaines, comme la chute de Phaéton foudroyé par Jupiter. Mais le palais Lascaris peut aussi s'enorgueillir de posséder quelques curiosités, dont d'étranges « portes volantes ». Situées au deuxième étage, ces portes sont curieusement inclinées et donnent à penser qu'un séisme est passé par là. Rien de tout cela ! Datant du XVIIIe siècle, elles sont dotées d'un système très astucieux : un vantail unique fixé par des paumelles dissymétriques, selon l'usage très répandu en Italie du Nord, et aussi à Nice. Cela permettait d'alléger leur poids, de réduire les courants d'air et surtout d'éviter l'usure des tapis disposés sur le sol. Il fallait y penser !

En plus des belles expositions qui se succèdent au premier étage, le palais Lascaris abrite une impressionnante collection d'instruments de musique anciens. Même sans être mélomane, on ne peut qu'admirer la magnificence de celle-ci, qui compte l'un des seuls exemplaires au monde d'une lyra-viol.

Adresse 15 rue Droite, 06300 Nice | Transports en commun Tram 1, arrêt Cathédrale – Vieille-Ville | Horaires d'ouverture Tous les jours sauf le mardi de 10 h à 18 h | À savoir Juste en face du palais Lascaris, n'hésitez pas à pousser la porte de l'atelier de Sylvie T, dessinatrice, illustratrice, médiatrice en art et autrice de livres. Son atelier ravira petits et grands (14 rue Droite, 06300 Nice, www.sylvie-t.com).

90 La promenade des Anglais

Les bains de mer à l'heure d'hiver

Vous avez certainement déjà vu de courageux baigneurs affronter la grande bleue en plein hiver le temps d'un plongeon vivifiant sur la promenade des Anglais – peut-être en faites-vous-même partie ! Ce rituel est généralement quotidien, afin de bien démarrer la journée ! S'il semble un peu étrange, le bain hivernal n'est pas l'apanage de quelques « fadas », mais une véritable tradition à Nice. D'ailleurs, la Prom' n'a pas toujours été celle que l'on connaît aujourd'hui, prise d'assaut par les estivants venus faire bronzette et trempette après avoir traversé une zone de galets. Fut un temps, la saison d'affluence à Nice était l'hiver, et non l'été !

À l'origine, les bains d'hiver étaient prescrits pour des raisons médicales. Cette pratique, devenue populaire au lendemain de la Seconde Guerre mondiale, est assez ancienne. Au début de l'hiver 1763, l'écrivain écossais Tobias George Smollett arriva dans la ville pour se reposer et se soigner d'une maladie des poumons. Ce dernier – qui avait d'ailleurs décrit les habitants de façon peu flatteuse – eut alors l'idée de se baigner dans la mer, suscitant la curiosité des passants. Ceux-ci étaient d'autant plus intrigués que le Britannique se faisait transporter en chaise à porteurs jusqu'aux plages à l'ouest de la ville.

Dans l'une de ses lettres datées de 1764, Smollett nota l'amélioration de sa santé et quelques officiers suisses ainsi que des locaux commencèrent à suivre son exemple. Il aurait ainsi contribué à propager cette pratique considérée comme efficace. C'est en 1857 seulement que la théorie des bains de mer thérapeutiques émergea vraiment. Des médecins affirmèrent qu'ils pouvaient soigner maladies sanguines, nerveuses, respiratoires, épilepsie, hypocondrie, céphalées, névralgies… rien que ça ! Aujourd'hui, la folie de ces baignades est un peu retombée, mais quelques irréductibles Niçois continuent d'affronter la froideur de l'eau pour un coup de boost assuré pour la journée !

Adresse Promenade des Anglais, 06000 Nice | Transports en commun Tram 1, arrêt Masséna | À savoir Si vous souhaitez vous essayer à piquer une tête en plein hiver, n'hésitez pas à patienter jusqu'au traditionnel « bain de Noël », qui attire chaque année des centaines de courageux. Née au lendemain de la Seconde Guerre mondiale, la tradition se perpétue chaque année (sauf pendant le Covid). Êtes-vous prêts à plonger tête la première ?

91 Le quai des États-Unis

La dernière statue de la Liberté

Situé à l'est de la promenade des Anglais, le quai des États-Unis est aujourd'hui un lieu de vie où les piétons et les cyclistes peuvent profiter d'une zone dédiée, surtout le soir venu, quand les restaurants déploient leurs terrasses face à la mer. Pourtant, il n'a pas toujours été ce haut lieu touristique.

Au départ, le quai était une route, aménagée au XIXe siècle par la municipalité pour relier la ville nouvelle au port par le bord de mer. Elle s'appelait alors *riba dòu Miejour*, autrement dit la « rive du Midi ». Juste à côté, la Ville avait fait édifier un quai de 350 mètres de long devant les façades maritimes : le quai du Midi. Celui-ci était découpé en deux tronçons : la première partie accueillait des bâtiments prestigieux, comme l'hôtel Beau Rivage, alors que la seconde était réservée aux marins-pêcheurs qui y vivaient.

En 1917, un an avant la fin de la Première Guerre mondiale, le maire de Nice, le général Goiran, décida de rebaptiser le quai du Midi « quai des États-Unis » pour honorer leur entrée en guerre aux côtés des Alliés. Plus tard, dans les années 30, le quai fut agrandi d'une quinzaine de mètres et divisé en double voie avec un parterre central fleuri.

Près de 100 ans après ce changement de nom, le quai des États-Unis vit arriver une nouvelle invitée de marque : une copie de la statue de la Liberté, acquise par la Ville en 2011 pour marquer les liens privilégiés entre Nice et les États-Unis. De son vrai nom *La Liberté éclairant le monde*, la statue fut inaugurée le 1er février 2014, date de la piétonnisation du quai. Du haut de son petit 1,35 mètre et de ses 80 kilogrammes, cette réplique de la célèbre statue imaginée par Auguste Bartholdi est le tout dernier exemplaire que détenait la fonderie de Coubertin. Elle est signée du nom de l'artiste et datée de 1875. Après Paris, Colmar ou Tokyo, Nice est donc la dernière ville à détenir une copie de l'un des monuments les plus célèbres au monde.

Adresse 91 quai des États-Unis, 06300 Nice | Transports en commun Tram 1, arrêt Opéra – Vieille-Ville. Il faut compter 10 minutes de marche pour rejoindre le quai des États-Unis | À savoir Non loin de la statue de la Liberté, l'incontournable structure #ILoveNice a été créée en 2016 par la famille de carnavaliers Povigna après l'attentat du 14 juillet. Avec ses 8 mètres de long, ses 3,5 mètres de haut et ses 2 tonnes, elle est désormais un nouveau symbole de la ville.

92 Le Régina Palace

Une lady pas comme les autres

Si la promenade des Anglais porte ce nom, ce n'est pas un hasard. Le *Camin dei Ingles* a été créé en 1824 par les hivernants britanniques amoureux de la douceur de vivre de la Côte d'Azur. Parmi eux, quelques têtes couronnées, dont la célèbre reine Victoria. En témoigne l'ancien hôtel Excelsior, dit le Régina Palace, à Cimiez.

L'édifice a en effet été construit en l'honneur de la reine après son séjour à l'hôtel Vitali – actuellement l'hôpital de Cimiez – de mars à avril 1895. Victoria aurait alors payé 40 000 francs-or pour ces quelques semaines, ce qui motiva une société parisienne à faire construire cet établissement Belle Époque. C'est à l'architecte Sébastien-Marcel Biasini que fut confié le projet. En très peu de temps, le géant sortit de terre en haut du boulevard de Cimiez : cinq étages, 150 mètres de façade et pas moins de 6 250 mètres carrés de superficie au total. En raison de sa bonne exposition au soleil, toute l'aile ouest du bâtiment fut réservée à la reine, qui disposait de 70 pièces sur les 200 chambres que comptait le palace. Aujourd'hui encore, une immense couronne en fer forgé surplombe toute cette partie.

La reine franchit les portes de l'hôtel pour la première fois le 12 mars 1897, à 78 ans. Lady Balmoral – le pseudonyme qu'elle utilisait en vacances – y resta jusqu'au 28 avril pour la somme de 80 000 francs. Elle revint du 13 mars au 28 avril 1898, puis du 12 mars au 2 mai 1899 pour un dernier séjour. Pendant ses villégiatures niçoises, la reine aimait se promener autour de l'hôtel dans une petite carriole tirée par son désormais légendaire âne Jacquot. En ville, c'est en voiture qu'elle se déplaçait. Elle appréciait également le Vieux-Nice, qu'évitaient pourtant la plupart des hivernants de l'époque. La reine était appréciée des habitants pour sa générosité : on raconte même que la souveraine offrit un jour le thé à des poissonnières venues lui souhaiter la bienvenue. Ces dernières auraient grimacé à la vue de l'eau chaude, s'attendant plutôt à un verre de gin.

Adresse 71 boulevard de Cimiez, 06000 Nice | Transports en commun Bus 5/16/18/33/40, arrêt Arènes – Musée-Matisse | À savoir Non loin du Régina, le monastère de Cimiez est une étape incontournable avec son immense jardin bucolique offrant une vue panoramique sur toute la ville. Dans son cimetière reposent, entre autres, les peintres Henri Matisse et Raoul Dufy (place Jean-Paul-II, 06000 Nice).

93 La Ronronnerie

Un coffee shop avec des chats

Ils s'appellent Vanille, Pepito, Kayda ou encore Loumi… Non, ce ne sont pas des noms de cocktails ou de plats, mais des noms de chats ! Ces petits félins sont les stars de la Ronronnerie, un bar à chats situé rue de Lépante, à quelques minutes à pied du centre-ville. Unique en son genre, cet endroit insolite est avant tout un coffee shop très *cosy* qui prône la ronronthérapie, autrement dit la thérapie par le ronronnement ! Ce n'est pas une plaisanterie : des scientifiques ont prouvé les effets bénéfiques du ronronnement sur la santé des êtres humains, et en particulier sur le moral et la santé mentale. Venu tout droit du Japon, le concept de *neko café* (bar à chats) a depuis plusieurs années conquis le cœur des Français – et celui des Niçois !

Dans ce café, chaque « ronronneur » a son petit caractère ! Joueur, dormeur, sportif, sauvage… chaque chat a sa personnalité, mais avec un point commun : tous sont sociables et câlins ! En revanche, il ne faut pas oublier que l'on est chez eux : tout a été pensé pour leur bien-être et leur épanouissement. Il n'est pas question de venir les perturber si l'un fait la sieste ou préfère rester à l'écart. Pendant que l'un observe l'extérieur, un autre dort paisiblement sur une chaise ou se balade le long des circuits muraux, tandis qu'un autre encore trouve refuge sur les genoux d'un client.

À La Ronronnerie, on se sent bien. C'est une parenthèse hors du temps, idéale pour lever le pied et se mettre au rythme des chats. Du côté de l'assiette, le café propose une carte de bons petits plats faits maison à base de produits frais et du marché : bagels, poke bowls ou toasts, ainsi qu'une carte de boissons froides ou chaudes. Les pâtisseries sont également réalisées sur place par l'hôtesse des lieux, Sarah. Du carrot cake au cake au citron en passant par le fondant au chocolat ou le cookie gourmand, vous aussi, à coup sûr, vous ronronnerez de plaisir ! Mais gare à montrer patte blanche aux petits hôtes des lieux pour avoir toute leur attention.

Adresse 4 rue de Lépante, 06000 Nice, www.laronronnerie.fr | Transports en commun Tram 1, arrêt Jean-Médecin ; Tram 2, arrêt Durandy | Horaires d'ouverture Du mardi au samedi de 9 h à 18 h | À savoir Si vous partez en vacances ou que vous devez vous absenter quelques jours, le Dodo Cat Hôtel, le premier hôtel pour chats, propose des chambres individuelles et spacieuses pour votre petit compagnon à poils (www.dodo-cat-hotel.fr).

94 La rue Bonaparte

La marche de l'Empereur

On ne peut parler de Nice sans évoquer Napoléon Bonaparte. En effet, c'est ici que sa carrière militaire décolla et qu'il prépara la conquête de l'Italie ! La première fois que Napoléon mit un pied à Nice c'était en 1793, en plein tumulte à la suite de la Révolution française. Il n'était alors qu'un simple capitaine qui venait de réprimer une insurrection royaliste à Paris. Du 26 juin au 9 juillet, Bonaparte fut logé chez le comte Laurenti dans une petite maison située au n° 6 de l'actuelle rue Bonaparte, alors n° 1 de la route de Villefranche.

Il y revint un an plus tard en tant que général-commandant de l'artillerie de l'armée d'Italie, dont l'état-major était installé à Nice. De nouveau, il s'installa chez le comte pendant toute l'année. Mais les choses se corsèrent pour le général, qui fut suspecté d'entretenir une amitié avec Robespierre, lequel venait d'être guillotiné. On donna l'ordre de l'arrêter et de le ramener à Paris, ce qui aurait signé son arrêt de mort. Mais grâce au soutien du comte, Napoléon fut simplement condamné à une garde à vue à domicile. Durant cette période, il prit ses repas, frugaux, avec la famille Laurenti. Il ne se donnait même pas la peine de se mettre à table et mangeait debout. Le plus souvent, il ne parlait pas. Il lui était interdit de sortir de la maison, mais il pouvait se promener dans le jardin où il lui arrivait de cueillir des oranges, avec lesquelles il imaginait des stratégies militaires ! Le jardin devenait pour lui un champ de bataille.

Le dernier séjour de Bonaparte à Nice fut décisif. De retour du 26 mars au 2 avril 1796, Napoléon, devenu général-commandant en chef de l'armée d'Italie, passa en revue ses troupes le 29 mars 1796, sur la place Victor – aujourd'hui la place Garibaldi. Ses soldats étaient en guenilles et parlaient de lui comme d'un « gringalet de général ». Ainsi, quand l'armée se mit en marche en direction de Gênes, il la fit défiler sous ses yeux et prit sa suite, persuadé que s'il en prenait la tête, ses soldats l'abandonneraient.

Adresse 6 rue Bonaparte, 06300 Nice | Transports en commun Tram 1, arrêt Garibaldi ; Tram 2, arrêt Garibaldi – Le-Château | À savoir La rue Bonaparte est aujourd'hui l'une des rues principales du très branché « petit Marais niçois », rapport au quartier gay de la capitale. Cet ancien quartier industriel est en effet devenu *the place to be* en soirée avec sa place du Pin, où se mêlent des bars, des restaurants et des boutiques de créateurs.

95 La rue Droite

Tout sauf droite

Parmi les plus anciennes rues de Nice, la rue Droite mérite le détour. Petite artère discrète située en marge des rues commerçantes et bruyantes du Vieux-Nice, elle relie la rue Jules-Gilly à la rue Saint-François en passant par la rue de la Loge, la rue Rossetti ou encore celle du Château. Elle abrite de nombreux commerces, galeries d'art et bonnes petites tables, ainsi que l'incontournable palais Lascaris ou encore l'église Saint-Jacques-le-Majeur, surnommée l'église du Gesù.

En toute logique, la rue Droite devrait être – comme son nom l'indique – droite ! Eh bien, ce n'est pas du tout le cas. Cette fausse dénomination résulte en fait d'une erreur de traduction commise à l'époque où Nice est devenue française sous l'impulsion de Napoléon Bonaparte. Selon son ancien nom, *Carriera Drecha*, la rue Droite aurait dû porter le nom de « rue Directe », comme l'exige la traduction du mot niçois *drecha*. L'erreur n'a jamais été corrigée. Son nom lui vient d'ailleurs du Moyen Âge. À l'époque, elle faisait en effet le lien direct entre le port, sur la rive des Ponchettes, et la porte Pairolière, au nord de la ville. Les marchandises circulaient sur cet axe étroit grâce à des porteurs, des mules ou des charretons. La rue possède encore quelques vestiges de l'architecture médiévale, et de belles entrées de palais niçois, facilement reconnaissables avec les linteaux gravés de maximes latines comme *Justus judex ihs* (au n° 14) ou encore *Spes mea deus* (au n° 21).

Plus longue voie du Vieux-Nice, la rue Droite était considérée par ceux qui la traversaient comme le trajet le plus efficace pour aller d'un bout à l'autre de la ville. Aujourd'hui, elle est un passage obligatoire quand on déambule dans le centre, que l'on veuille se balader sur la promenade des Anglais, s'offrir une belle portion de socca Chez Theresa, déguster les raviolis à la daube au Restaurant du Gésu ou encore flâner pour le plaisir dans les ruelles. Une seule rue directe, plusieurs possibilités !

Adresse Rue Droite, 06300 Nice | Transports en commun Tram 1, arrêt Cathédrale – Vieille-Ville | À savoir Au n° 2 de la rue Droite, ne manquez pas la galerie ArtNice. L'artiste Sebastien Di Natale a imaginé une collection de bijoux en aluminium et en laiton qu'il réalise à la main. Chaque pièce est unique et apportera une touche d'originalité et de caractère à votre tenue ! On y trouve aussi des sculptures de la célèbre chaise bleue et des peintures originales (www.artnice.com).

96 Le Saint-Paul

Les différentes vies de l'ancien séminaire

Estampillé 3 étoiles, l'hôtel Le Saint-Paul porte en ses murs l'histoire de la maison du Séminaire, édifiée au cours du XIXe siècle. Avant de devenir cet établissement de charme, l'édifice accueillait un séminaire pour les futurs prêtres et de jeunes Niçois laïques. Son histoire débuta aux alentours de 1840, lorsqu'un jeune évêque de Nice, monseigneur Domenico Galvano, décida de bâtir un séminaire sur les pentes rocheuses du mont Boron, alors un quartier isolé de la ville où avait été installé un établissement de mise en quarantaine pour les malades contagieux. Après le rattachement du comté de Nice à la France en 1860, l'établissement fit face à d'énormes difficultés et fut confié à la congrégation des Lazaristes de Saint-Vincent de Paul. Le séminaire entra alors dans une période faste et le nombre d'élèves explosa. En 1905, la loi de la séparation de l'Église et de l'État entraîna la nationalisation de l'établissement, qui resta sans affectation pendant près de 20 ans.

En 1929, monseigneur Louis-Marie Ricard racheta l'ancien petit séminaire pour le transformer en grand séminaire, mais mourut prématurément d'une crise cardiaque. En 1930, l'ecclésiastique le plus gradé de l'armée française, monseigneur Paul Rémond, ancien chef d'un bataillon de mitrailleuses pendant la Première Guerre mondiale, racheta les lieux. Le bâtiment fut alors rehaussé d'un étage pour accueillir une soixantaine de séminaristes. Il n'en restait plus qu'une vingtaine lorsqu'en 1966, le grand séminaire diocésain cessa de fonctionner : les élèves quittèrent Nice pour Marseille.

En 2012, la bâtisse entièrement rénovée devint Le Saint-Paul. Aujourd'hui, fort de son emplacement face à la mer, l'hôtel-restaurant offre une belle parenthèse gourmande. Il garde aussi un témoignage précieux de son passé religieux : une magnifique chapelle dédiée à Notre-Dame de l'Immaculée Conception. De style néo-byzantin, elle comporte une fresque haute en couleur réalisée par Étienne Doucet, à qui l'on doit les peintures de Notre-Dame-Auxiliatrice.

Adresse 29 boulevard Franck-Pilatte, 06300 Nice, www.lesaintpaul-hotel.fr | Transports en commun Bus 38, arrêt La-Réserve | Horaires d'ouverture Restaurant : tous les jours de 12 h à 14 h et de 19 h 30 à 21 h 30. L'accès à la chapelle est possible pour tous les clients de l'hôtel et du restaurant | À savoir Situé à deux pas de l'hôtel, le parc Vigier est un véritable havre de paix. C'est ici que fut planté pour la première fois en France, en 1864, un palmier des Canaries (23 boulevard Franck-Pilatte, 06300 Nice).

97_Selah Atelier

Dites-le avec des fleurs séchées

Au cœur du quartier de la Libération, à quelques pas de la gare du Sud, un nouveau concept a fleuri au printemps 2023 sous le nom de Selah Atelier. Auparavant installé dans une rue adjacente depuis novembre 2021, ce petit atelier de fleurs séchées faisait aussi office de boutique, proposant des compositions et de la décoration d'intérieur. L'atelier a vu le jour à l'initiative d'un jeune couple de passionnés : Tristan, designer de métier, et Hanna, férue de créations en fleurs séchées. Ici, la monnaie du pape, le lagure ovale, la gypsophile, le phalaris, l'eucalyptus ou les cheveux d'ange sont déclinés à souhait dans des œuvres toutes plus poétiques les unes que les autres. Et la majorité des fleurs proviennent de producteurs de la région niçoise ou d'Italie. Simples bouquets, cercles fleuris à accrocher, bijoux pour mariés ou magnifiques suspensions délicatement ornementées… tout est réalisé sur place et de façon artisanale.

Après quelques mois de rodage, le couple a décidé de trouver un local plus grand pour faire évoluer son concept et réunir en un même lieu leur atelier et un café. Pour cela, ils se sont associés à Jacob, un barista professionnel également expert en *latte art*. Sa femme, Gabrielle, s'occupe quant à elle de réaliser les pâtisseries. Si l'univers des fleurs séchées et du café semblent complètement opposés, ils sont pourtant complémentaires, avec un dénominateur commun : l'envie de prendre le temps, de faire une pause. C'est d'ailleurs la signification de *selah*, qui signifie « pause contemplative » en hébreu.

Dans ce café unique en son genre, plusieurs ateliers sont mis en place tout au long de l'année, animés par différents intervenants. De plus, un bar à fleurs a été installé pour permettre à chacun d'exprimer sa créativité et de personnaliser sa décoration. Le plus dur reste ensuite de choisir les fleurs que l'on souhaite assembler pour apporter un petit côté vintage et décalé à son intérieur.

Adresse 23 rue de Dijon, 06000 Nice | Transports en commun Tram 1, arrêt Libération | Horaires d'ouverture Du mardi au samedi de 8 h à 17 h 30 | À savoir À deux pas de l'atelier, l'immeuble situé au n° 10 de la rue Clément-Roassal offre une architecture peu commune. En effet, il a été édifié en 1906 et réhaussé d'un étage en 1907 sur les plans de l'architecte Joseph Poisson. Il présente un mélange de style Art nouveau et d'architecture de villégiature.

98 La serre tropicale

Le diamant vert du parc Phoenix

Inauguré en février 1990, le parc Phoenix est l'un des plus importants poumons verts de la ville et sa silhouette est indissociable du paysage niçois. Sa construction, en lieu et place d'une zone marécageuse où se trouvaient des cressonnières, a constitué une véritable prouesse technique. Il a fallu deux ans pour construire ce parc de 7 hectares agrémenté d'un plan d'eau, destiné à proposer un « tour du monde en 7 hectares », soit une déclinaison de tous les paysages que l'on peut voir à travers le monde. Mais très vite, le parc a souhaité se diversifier et a accueilli des animaux, pour le plus grand bonheur des enfants. Ainsi, on y rencontre des ouistitis, des crocodiles, des flamants roses, des perroquets, des serpents, des animaux de la ferme et même un insectarium, avec nos charmants petits amis rampants.

Mais le point d'orgue de la visite reste sans nul doute sa serre tropicale en forme de pyramide, appelée « le diamant vert », qui s'étend sur 7 000 mètres carrés et 25 mètres de haut. Un autre défi technique qui lui a valu d'être reconnue, à l'époque, comme la plus haute d'Europe. La serre propose une déclinaison des différents climats tropicaux et subtropicaux – six au total – et abrite ainsi des espèces végétales rares telles que l'arbre du voyageur, le frangipanier, l'hibiscus, la sensitive, la fougère, l'épiphyte ou encore l'orchidée. D'ailleurs, savez-vous que la vanille est la plus célèbre des orchidées ?

À l'origine, la première serre sur la gauche en entrant avait un tout autre but : elle était vouée à accueillir des papillons exotiques. Chaque semaine, un avion en provenance de Colombie transportait des chrysalides qui étaient lâchées à l'intérieur du bâtiment. Mais les papillons s'échappaient si vite que cette idée fut vite abandonnée. Aujourd'hui, le parc Phœnix détient le label « Jardin remarquable » et continue d'attirer les familles en toute saison, venues flâner et faire le tour du monde en 7 hectares. L'occasion d'un dépaysement assuré en plein cœur de la ville.

Adresse 405 promenade des Anglais, 06200 Nice, www.parc-phoenix.org | Transports en commun Tram 2, arrêt Parc-Phoenix | Horaires d'ouverture Tous les jours de 9 h 30 à 19 h 30 (18 h d'octobre à mars) | À savoir Ne manquez pas le musée des Arts asiatiques qui propose une magnifique collection d'œuvres en provenance de Chine, du Japon, d'Inde et des pays d'Asie du Sud-Est (405 promenade des Anglais, 06200 Nice, www.www.departement06.fr).

99 La station Garibaldi – Le Château

À la rencontre de l'enfant Garibaldi

À l'instar de la ligne 1 du tramway, la ligne 2 est jalonnée d'œuvres d'art qui se dévoilent tout au long des stations qu'elles soient en surface ou souterraines. À la station Garibaldi – Le Château, des milliers de voyageurs passent chaque jour, sans le savoir, devant une représentation de celui qui est considéré comme le père de la patrie italienne : Garibaldi. En effet, juste à côté des distributeurs de billets, face aux escalators, une imposante sculpture nommée *Pépin, la déesse et la mer* se dresse fièrement à 3,5 mètres du sol. Inspirée de la *Victoire de Samothrace,* célèbre sculpture grecque exposée au Louvre, elle représente la déesse Niké sur laquelle est assis un enfant… Joseph Garibaldi ! Réalisée par l'artiste niçois Ernest Pignon-Ernest, pionnier du street art, l'œuvre – commandée par la municipalité – a été inaugurée en 2019 à l'occasion de l'ouverture de la deuxième partie de la ligne 2.

L'idée d'Ernest Pignon-Ernest était de superposer deux figures mythiques : la déesse de la victoire Niké – dont la ville tire son nom – et Joseph Garibaldi, le héros de Nice. Mais pourquoi choisir de le représenter enfant ? L'artiste a voulu rendre hommage à l'espiègle gamin des rues, qui avait déjà un certain goût pour l'aventure dès sa plus tendre enfance : à l'âge de 13 ans, il aurait volé un bateau de pêche pour mettre les voiles en direction de Gênes avant d'être rattrapé à la hauteur de Monaco et ramené de force auprès de son père. La maison familiale se trouvait alors au n° 2 du quai Papacino, non loin de la place où un monument lui est dédié aujourd'hui. C'est aussi dans ce même quartier, à l'église Saint-Martin, que l'enfant a été baptisé, bien avant de devenir l'unificateur de l'Italie. Pour parfaire l'installation artistique, Ernest Pignon-Ernest a fait accrocher un écran LED dos à la sculpture, qui diffuse en direct et en continu une image de la mer et du ciel captée par une webcam à la sortie du port. À ne pas manquer la prochaine fois que vous sortirez du tram !

Adresse Place Garibaldi, 06300 Nice | Transports en commun Tram 2, arrêt Garibaldi – Le-Château | À savoir Le tramway est un véritable musée ouvert : Magnan, Ferber, Les-Moulins, Port-de-Nice, Jean-Médecin, Durandy, Opéra – Vieille-Ville… n'hésitez pas à lever les yeux aux divers arrêts : l'art est partout !

100 La statue de Charles-Félix

Le roi qui a laissé son empreinte (ou pas)

Peu de têtes couronnées savoyardes ont laissé une trace dans la mémoire collective de Nice. Pourtant, entre 1388 et 1860, pas moins de 23 princes de la Maison de Savoie se sont succédé à la tête du comté, mais seule une poignée est restée dans l'histoire : Amédée VII, Emmanuel-Philibert et Charles-Félix – dit Carlo Felice –, immortalisé par une statue qui domine le port.

Arrivé au pouvoir en 1821 à l'âge de 56 ans, Charles-Félix était très aimé des habitants pour son engagement envers la ville : l'aménagement du parc de la colline du Château, le creusement du deuxième bassin du port Lympia ou encore l'édification de l'opéra de Nice… c'est lui ! Les locaux l'aimaient tellement qu'ils lui offrirent le monument des Serruriers, surmonté de ses initiales en lettres d'or ; une porte installée sur le cours Saleya ; et la fameuse statue, érigée en son honneur en remerciement du maintien des privilèges du port franc. Imaginée par Paul-Émile Barberi, la statue représente le roi sous la protection d'un aigle portant une croix de Savoie sur la poitrine, le doigt pointé vers le port. Malheureusement, 20 ans après son règne, son successeur Victor-Emmanuel II, futur roi d'Italie, décida de supprimer la franchise dont bénéficiait le port de Nice, mettant ainsi fin à de nombreux avantages. Des émeutes éclatèrent en ville, entraînant un certain nombre d'actes de vandalisme. Le premier à subir la révolte fut le « Bien-Aimé » Charles-Félix : des manifestants décidèrent de couper l'index de sa statue, symbole de domination. Aujourd'hui encore, le doigt du roi reste aux abonnés absents – peut-être pour souligner l'esprit rebelle des locaux ?

D'ailleurs, une réplique de la statue mutilée était installée dans la cour d'entrée de l'hôtel de ville jusqu'en 2008. Celle-ci a depuis été remplacée par un pouce géant du sculpteur César. De l'index au pouce, tout n'est qu'une question d'empreinte, après tout !

Adresse Place Guynemer, 06300 Nice | Transports en commun Tram 2, arrêt Port-Lympia | À savoir Le restaurant-bar à vin Rouge propose une jolie carte de plats élaborés à partir de produits frais et de saison ainsi que des vins naturels et bios. Le tout dans une ambiance conviviale et chaleureuse, à mi-chemin entre le port et la place Garibaldi (2 rue de Foresta, 06300 Nice, www.rouge-restaurant.fr).

101 Stockfish

La plus petite des grandes salles de spectacle

Qui a dit que Nice manquait de salles de spectacle et d'une programmation culturelle variée ? En mars 2022, à la toute fin de la pandémie, une nouvelle salle de spectacle a ouvert ses portes en ville : le Stockfish. Et rien à voir avec la spécialité culinaire niçoise à base de poisson séché !

Le Stockfish a pris ses quartiers sur le campus de Saint-Jean-d'Angély, dans la Maison de l'Étudiant. Petite en taille, mais grande par son programme, elle est « la plus petite des grandes salles ». Équipés d'une technologie son et lumière dernière génération, les lieux peuvent accueillir 200 personnes assisses ou 600 debout, dans une ambiance intimiste. Pour parfaire son style et donner le ton, la mise en scène de l'entrée principale, qui fait également office de hall d'accueil de la Maison de l'Étudiant, a été confiée aux street artistes niçois César Malfi et Wanjah, qui y ont réalisé des fresques géantes.

Concerts live, DJ set, spectacles de magie, stand up, représentations théâtrales, ciné-débats, conférences… la programmation de la salle, conçue en partenariat avec les principaux producteurs du spectacle vivant de la région (Grosse Prod, Panda Events, Directo Production, TNN ou encore le T'choup Comédy), a été pensée pour plaire à tous les publics. En 2022, pour sa première année, la salle a accueilli plus de 13 000 spectateurs lors de 29 concerts et spectacles, avec des têtes d'affiche renommées telles que 47T^{er}, Marc-Antoine Le Bret, Cut Killer, Martha High, Yuksek, Arnaud Rebotini, Étienne de Crécy, DJ Pone, Pfel & Greem, Michel Jonasz ou encore JoeyStarr.

Côté prix, de nombreux spectacles sont à 5 euros afin de rendre la culture accessible à tous, même aux personnes en situation de précarité. Des buvettes solidaires ont également été mises en place, et une partie des bénéfices des ventes est reversée à des associations caritatives ou à caractère social.

Adresse 5 avenue François-Mitterrand, 06300 Nice, etudiants.nice.fr | Transports en commun Tram 1, arrêt Vauban | Horaires d'ouverture De 19 h à minuit les soirs de spectacle. Retrouvez toute la programmation de la salle sur le site internet de la Maison de l'Étudiant | À savoir Tous les jeudis, la scène est 100 % locale !

102 Le Théâtre national de Nice

Un théâtre dans une église

La culture s'invite partout, même dans des lieux surprenants. C'est le cas du Théâtre national de Nice (TNN). Depuis avril 2022, il a pris ses quartiers dans le bâtiment de L'Aigle d'Or, un ancien hôtel situé sur la place Saint-François. Deux salles de répétitions, un accueil-billetterie, un bar-restaurant et des bureaux y ont été installés, ainsi que cinq appartements pour accueillir les artistes. Mais le point d'orgue des lieux est sans nul doute la salle de représentation attenante, baptisée « salle des Franciscains », qui n'est autre que l'église de l'ancien couvent des franciscains. Ce site remarquable, classé monument historique, est l'un des plus anciens édifices du Vieux-Nice.

Érigé par les Frères de saint François d'Assise au XIIIe siècle, le couvent a connu une existence bien mouvementée. Rénové au XVIIe siècle, il fut désacralisé et « découpé » en plusieurs lots, dont des appartements, pendant la Révolution française. L'entrée de l'actuelle salle, l'ancienne entrée de la nef, porte d'ailleurs les stigmates de cette période, avec une évocation du drapeau tricolore sur la croisée d'ogives. En 1832, l'hôtel L'Aigle d'Or s'installa dans l'aile méridionale du couvent. Très prisé des premiers hivernants, il comptait une terrasse avec une pergola et un cabaret-dancing en sous-sol. Réquisitionné à plusieurs reprises durant la Seconde Guerre mondiale, il devint ensuite le fief de l'Union départementale des syndicats. Plus étonnant, l'édifice a abrité les glacières du Vieux-Nice, un cinéma, une boîte de nuit, mais aussi le dépôt des ordures municipales.

En juin 2020, un vaste chantier de réhabilitation a été lancé pour lui redonner toute sa superbe. Après de longs mois de travaux, l'édifice a retrouvé son âme en accueillant cette salle de spectacle inattendue. De 240 à 300 places, la salle des Franciscains est un lieu où l'histoire se mêle aux équipements modernes. Huit siècles veillent désormais sur le spectacle vivant… et vice versa.

Adresse 4-6 place Saint-François, 06300 Nice, www.tnn.fr | Transports en commun Tram 1, arrêt Cathédrale – Vieille-Ville ; Tram 2, arrêt Garibaldi – Le-Château | Horaires d'ouverture Selon les représentations. Billetterie et accueil : du lundi au vendredi de 14 h à 18 h | À savoir Outre la salle des Franciscains, le TNN compte deux autres salles de représentations : la salle de La Cuisine, située à l'ouest de Nice (CADAM) et Les Arènes de Cimiez.

103 La tour Bellanda

Le refuge inspirant d'Hector Berlioz

La tour Bellanda est assurément l'un des plus beaux points de vue de Nice : locaux et touristes viennent y admirer l'incroyable vue sur la baie des Anges. Jadis défense médiévale transformée en belvédère, le site est accessible grâce à l'ascenseur public ou par les 500 marches de l'escalier Lesage. Avec ses 22 mètres de diamètre, la tour est imposante, et sa vue a inspiré de nombreux artistes. C'est le cas du célèbre compositeur Hector Berlioz, dont une plaque commémore le passage.

En 1830, le jeune compositeur obtint le prix de Rome et quitta Paris pour aller étudier 3 ans à la villa Médicis. Il laissa sa fiancée, Marie Moke, une jeune et talentueuse pianiste. Les deux amoureux se promirent fidélité, mais, à peine arrivé en Italie, Berlioz apprit par un courrier que Marie allait se fiancer à Camille Pleyel, un riche facteur de pianos ayant comme client un certain Frédéric Chopin. Fou de rage, il décida de rebrousser chemin et de rentrer à Paris pour commettre l'irréparable. Il élabora alors un plan machiavélique : il se procura une robe, deux pistolets et du poison. Une fois sur place, il se déguiserait en femme et tuerait les amants avant de mettre fin à ses jours. Mais, lors de son périple, un heureux hasard le mena à Nice, où il tomba sous le charme de la ville et oublia son objectif morbide.

Berlioz trouva refuge dans une petite chambre louée à une veuve âgée dans un bâtiment abritant aujourd'hui l'Hôtel Suisse, au pied de la colline. Comme il ne connaissait pas la mer, il passait son temps dehors : en 15 jours, il composa deux ouvertures, dont celle du *Roi Lear.* Une vraie convalescence psychologique et sentimentale. Mais moins d'un mois après son arrivée, la police sarde le renvoya à Rome, pensant qu'il était un espion. Treize ans plus tard, le virtuose revint à Nice et séjourna dans un appartement au cœur de la tour Bellanda, qu'il surnomma « la tour des Ponchettes ». L'inspiration revint et il y composa l'ouverture du *Corsaire,* initialement baptisée *Ouverture de la Tour de Nice.*

Adresse Parc du Château, 06300 Nice | Transports en commun Escalier Lesage ou ascenseur public depuis le quai des États-Unis | Horaires d'ouverture D'octobre à mars, de 8 h 30 à 18 h ; d'avril à septembre de 8 h 30 à 20 h | À savoir Dans la tour, le Bellandarium évoque grâce à des mannequins en costumes historiques le quotidien des hommes et des femmes qui ont vécu sur cette colline.

104 La tour Saint-François

Une histoire de cloche

La tour Saint-François est la tour emblématique de Nice, un point de repère essentiel qui veille sur la ville depuis le XIIIe siècle. À l'origine, la tour se trouvait être le clocher de l'église et du couvent des franciscains, installés sur la place Saint-François. Lorsque les franciscains furent chassés à la fin du XVIIIe siècle, le couvent et l'église furent vendus comme biens nationaux. Le clocher, quant à lui, fut abandonné.

Au XIXe siècle, la tour fut transformée en horloge publique selon les plans de l'architecte de la ville, Joseph Vernier, pour seconder la tour de la caserne Rusca, située sur la place du Palais-de-Justice. On suréleva donc le monument de la place Saint-François d'un étage afin d'accueillir un système d'horloge, un campanile et une cloche. Contre toute attente, réaliser cette dernière ne fut pas une mince affaire !

Une première cloche fut commandée à la fonderie locale des frères Rosina, mais celle-ci s'avéra beaucoup trop petite par rapport à la hauteur de l'édifice. Une seconde leur fut demandée, mais les frères Rosina ne purent jamais la fabriquer, étant incapables de se procurer assez de cuivre et d'étain pour atteindre le poids prévu. C'est finalement la fonderie Pagano et Boero de Gènes qui livra une cloche d'environ 1 600 kilogrammes en avril 1841. Ironie du sort, leur cloche était si imposante qu'elle ne pouvait passer la porte d'entrée de la tour, qui dut être détruite puis reconstruite en conséquence. Hissée au sommet « pour sonner au loin les heures », la cloche rythme aujourd'hui encore la vie des Niçois. Et les musiciens s'accordent même à dire qu'elle sonne le glas en *la*.

Classé monument historique, le site offre désormais un point de vue exceptionnel. Mais ce panorama se mérite : 261 marches et quelques enjambées sportives sont nécessaires pour arriver là-haut grâce à un escalier hélicoïdal. En cas de vertige, il est préférable de garder les pieds sur terre.

Adresse Rue de la Tour, 06300 Nice | **Transports en commun** Tram 1, arrêt Cathédrale – Vieille-Ville | **Horaires d'ouverture** Le samedi et le dimanche de 9 h 30 à 13 h et de 14 h à 17 h | **À savoir** Pour une pause café, un verre entre amis ou pour déguster une spécialité niçoise, n'hésitez pas à pousser la porte de La Cave de la Tour, un authentique et chaleureux bistrot qui fait aussi office de cave à vin (3 rue de la Tour, 06300 Nice, cavedelatour.com).

105 _ Trésors Publics

Des souvenirs d'enfance fabriqués en France

Un jeu de mikado en bois, un bol breton personnalisé avec son prénom, un petit baigneur, un calepin, un filet de course… On a tous à cœur des objets typiquement français qui nous rappellent des souvenirs, mais qui ont disparu des rayons au profit d'objets étrangers produits à la chaîne. Amoureux du savoir-faire français, Antoine et Nicolas ont ouvert Trésors Publics en juin 2017 afin de redonner de la visibilité aux manufactures artisanales et historiques. Leur boutique à la devanture rouge vermeil a pris ses quartiers dans le Vieux-Nice, d'abord rue du Pont-Vieux, puis rue de la Préfecture depuis le printemps 2024, gagnant ainsi un espace encore plus grand.

Dans cette boutique qui respire le bon vieux temps avec son ambiance vintage à souhait, les deux associés proposent des objets iconiques avec lesquels nous avons grandi. Et ils sont tous fabriqués en France ! Papeterie, vaisselle, gourmandises, jeux et jouets se disputent la place sur les étagères de bois chinées. Au total, pas moins de 600 références sont proposées, pour beaucoup venues de fabricants labellisés « Entreprises du patrimoine vivant ». Trésors Publics a également souhaité développer sa propre gamme de produits, à l'instar des chaussettes tricotées dans le Limousin ou des torchons en coton reprenant la recette traditionnelle des raviolis de la Maison Barale, une institution niçoise.

Pour dénicher ces pépites aux quatre coins de l'Hexagone et élargir leur gamme, Antoine et Nicolas partent chaque année sillonner les routes de France à la rencontre de leurs fabricants. L'objectif étant aussi de découvrir les procédés de fabrication pour les expliquer aux clients, tombés sous le charme de cette échoppe peu commune… qui n'a d'ailleurs rien à voir avec le fameux centre des impôts ! Il n'y a pas un jour qui passe sans que des particuliers appellent la boutique pour réclamer le service des finances publiques. Ici, la seule chose que l'on vous ponctionne, c'est un sourire au doux parfum de nostalgie.

Adresse 18 rue de la Préfecture, 06300 Nice | Transports en commun Tram 1, arrêt Cathédrale – Vieille-Ville ou Opéra – Vieille-Ville | Horaires d'ouverture Tous les jours de 10 h 30 à 19 h | À savoir En plus d'être une boutique, Trésors Publics fait aussi office de chambre d'hôte puisqu'il est désormais possible de réserver une nuit dans la chambre située à l'étage, équipée en 100 % « made in France », de l'interrupteur à la bibliothèque en passant par le linge de lit.

106 Valis Fleurbet

Des sorbets aux fleurs de Provence

Quand revient l'été, des files interminables se forment devant les glaciers les plus réputés de la ville. Avec ou sans chantilly, dans un pot ou un cornet, à la vanille ou au chocolat… la glace fait partie de l'art de vivre à la niçoise. Pour sortir des sentiers battus, il faut absolument découvrir les sorbets Valis Fleurbet, imaginés par Valentina et Yanis. Le mot « Valis » est une contraction de leurs deux prénoms et « Fleurbet », un savant mélange de « fleur » et de « sorbet » ! Logique, puisque le concept culinaire de l'enseigne tourne autour de ces produits.

L'idée de cette entreprise est née pendant le confinement. Le couple vivait alors à Paris, où les fleurs faisaient déjà partie de leur quotidien, puisque Valentina les utilisait pour leurs vertus thérapeutiques ou en cuisine. Une habitude qu'elle a héritée de sa grand-mère, herboriste, et de sa tante, florithérapiste. Pour mettre au point leur concept, les deux jeunes gens ont fait l'acquisition d'une petite turbine à glace afin de réaliser des tests et imaginer des recettes. Leur première création, le sorbet chocolat-lavande, a été une révélation ! Valentina et Yanis ont alors fait le choix de quitter la capitale pour s'installer dans le Sud, à Nice, où les fleurs foisonnent.

Après l'installation de leur laboratoire dans le quartier de Nice-Nord, ils ont multiplié les préparations de sorbet. Pour cela, ils travaillent uniquement des extraits de fleurs qui proviennent en majorité de la région : le jasmin et la rose de Grasse, le mimosa de Tannerons, la lavande de la région Rhône-Alpes… L'idée a d'abord séduit des hôtels prestigieux, puis la plupart des moyennes et grandes surfaces de Nice et sa région.

Chocolat-rose, mimosa-citron, fleur d'oranger-pistache, coquelicot-fraise, violette-myrtille, hibiscus-framboise… la carte de leurs créations n'en finit plus d'étonner. Le couple a même imaginé un sorbet à base de vin rouge et de fleurs pour le domaine viticole du château Crémat.

Adresse Bureaux : 27 boulevard de l'Ariane, 06300 Nice (fermés au public). Les sorbets sont en vente dans la plupart des supermarchés de la région comme Carrefour, Leclerc, Monoprix, Système U… Valis Fleurbet intervient également lors de certains événements comme la Fête des Mai, www.valisfleurbet.fr | À savoir Pour ne rien gâcher du plaisir, les sorbets Valis Fleurbet sont sans colorant, sans conservateur, bios, vegans et faibles en sucre. Parfaits pour se régaler sans culpabiliser !

107 Le Vanillier

Un macaron niçois aux couleurs du Sud

Et si vous vous laissiez tenter par un délicieux dessert ? Située en plein cœur du quartier des Musiciens, la pâtisserie Le Vanillier régale les papilles des Niçois depuis plus de 30 ans. C'est en 1993 que François Ducroux, pâtissier et maître chocolatier, et son épouse Gabriela ont repris l'affaire, aujourd'hui devenue un passage incontournable pour les amateurs de pâtisseries traditionnelles et les amoureux du chocolat.

De nombreux visiteurs s'y pressent aussi pour s'offrir une gourmandise unique : une petite merveille croustillante de 3 à 5 centimètres de diamètre qui renferme un cœur d'amandes moelleux et délicatement parfumé : le macaron de Nice. Celui-ci est né en 2014 de l'imagination de François, alors que le couple venait d'acquérir un stand au marché du cours Saleya. Remarquant que Nice n'avait pas encore son propre macaron traditionnel, François, poussé par son épouse, s'est lancé le défi de créer un biscuit qui allait conquérir le cœur des habitants. Réalisé de façon artisanale dans l'atelier de l'avenue Auber, il se compose simplement d'amande, de blanc d'œuf et de sucre. Seule la technique fait toute la différence… et reste secrète ! Le macaron niçois se décline en plusieurs saveurs élaborées à partir de produits locaux comme la violette de Tourrettes-sur-Loup, les oranges des collines niçoises, les citrons de Menton ou l'anis vert de Méditerranée. Parfait pour terminer un repas ou accompagner une tasse de café, ce produit artisanal est sans gluten et sans lactose.

Les macarons sont présentés dans une jolie petite boîte en fer ronde aux couleurs de la Côte d'Azur, imaginée par Gabriela. Sur le couvercle, leur fille Anna, vêtue d'un ensemble typiquement niçois, rend hommage aux bouquetières d'antan. Une légende raconte que la forme ronde du macaron proviendrait d'un moine qui avait l'habitude de pétrir la pâte d'amandes torse nu. Un jour, il serait tombé d'épuisement sur son ouvrage, laissant la trace de son nombril dans la pâte.

Adresse 7 avenue Auber, 06000 Nice, www.le-vanillier.com | Transports en commun Tram 1, arrêt Masséna | Horaires d'ouverture Du mardi au samedi de 8 h à 19 h 30 | À savoir Le macaron de Nice est vendu dans la pâtisserie familiale, mais aussi sur le marché du cours Saleya du mardi au samedi.

108 Les Vénus italica

Les Vénus qui jouent à cache-cache

À Nice, l'art se cache là où on s'y attend le moins. Comme sur les façades de l'AC Hotel by Marriott, qui abritent deux œuvres monumentales : les *Vénus italica*. Il s'agit de deux sculptures en bronze de 19 mètres et de 21 tonnes chacune, prises entre deux blocs de granit de 26 mètres de haut et 15 de large. Rien que ça ! L'une est visible depuis la promenade des Anglais, l'autre depuis la rue de France. Ces sculptures XXL sont l'œuvre de l'artiste Sacha Sosno. Elles ont été érigées en 1987, en même temps que l'hôtel, alors baptisé Élysée Palace.

Leur histoire a commencé autour d'une discussion – et d'un verre de whisky – entre l'architecte de l'hôtel, Georges-Xavier Marguerita, et son ami Sacha Sosno. Le premier fit part au second de son inquiétude quant au site, peu visible depuis la promenade des Anglais. Il demanda alors au sculpteur de trouver une idée pour mettre en valeur son hôtel. Sosno lui proposa de reproduire une version géante de l'une de ses œuvres représentant une Vénus oblitérée entre deux blocs béton. Un chantier titanesque de 18 mois commença alors à Pietrasanta, en Toscane. À cette époque, aucun outil informatique ne permettait de reproduire la sculpture à l'échelle exacte, les deux hommes travaillèrent donc au pantographe. Pour transporter les deux statues à Nice, il fallut les fondre en plusieurs morceaux, tel un puzzle géant, et modifier leur inclinaison pour que la perspective depuis le sol soit optimale. De quoi perturber l'artiste ! Mascha Sosno, son épouse, se souvient que la veille de la livraison, son mari fit un cauchemar : les Vénus arrivaient dans un camion spécial et leur tête était énorme. Tous les Niçois hurlaient de rire et il s'exilait au Venezuela, abandonnant son projet et sa femme.

Finalement, point de Venezuela pour Sacha Sosno. Le travail sur les façades de l'hôtel lui ouvrit au contraire la voie à la création d'autres œuvres monumentales ayant pour dénominateur commun l'oblitération : « cacher pour mieux voir ».

Adresse 59 promenade des Anglais, 06000 Nice, www.sosno.com | Transports en commun Tram 2, arrêt Centre-Universitaire-Méditerranéen | À savoir Les Vénus de Sosno ont marqué la première étape d'une œuvre qui s'est poursuivie par la *Tête Carrée*, une tête monumentale de 30 mètres constituée d'une partie cubique de 14 mètres de côté qui abrite aujourd'hui les bureaux de la bibliothèque Louis-Nucéra.

109 La villa Beau Site

Le rock s'invite à la villa

Même si on ne peut pénétrer entre ses murs, la villa Beau Site mérite largement le détour. Malgré son piteux état, elle conserve une fière allure – elle est d'ailleurs classée monument historique.

Édifiée dans les années 1870 sur les hauteurs du mont Boron, la villa Beau Site n'était au départ qu'une simple bâtisse carrée, agrémentée ensuite, en 1882, d'une étonnante tour octogonale par son nouveau propriétaire Eugène Vidis, un marchand niçois d'objets et de curiosités. C'est seulement en 1885 qu'elle fut baptisée « Beau Site » par son acquéreur suivant, le négociant britannique Achille Larrey. Ce dernier l'agrandit, lui ajouta une aile latérale ornée de colonnes, des balustrades ainsi qu'un belvédère. À l'intérieur, des fresques s'invitèrent sur les murs, et des plafonds à caissons furent installés, donnant à la villa un style totalement hors du temps, tout en conservant un esprit empreint de classicisme. On la para également de deux dépendances – Les Rochers, à l'apparence de maison troglodytique, et Hyacinthe – ainsi que d'une isba servant à accueillir les domestiques et les invités. Sans oublier le jardin baroque, qui abrite des grottes cachées et des promontoires romanesques.

En 1948, Gisèle Tissier-Grandpierre, une harpiste virtuose, fit l'acquisition de la villa dans le but d'en faire un lieu culturel ouvert au public. À sa mort en 1988, elle légua la demeure et sa collection de 66 instruments anciens, dont 18 harpes, à l'Institut de France. Mais le joyau niché sur les hauteurs de Nice est laissé vacant durant deux décennies, avant d'être finalement revendu à un particulier qui n'effectua jamais de travaux de rénovation. C'est dans cette villa légendaire que Robert Smith, leader du groupe anglais The Cure, choisit de tourner en 1987 le clip de sa chanson, *Catch,* devenue mythique. La même année, la villa fut classée au titre des monuments historiques. Aux dernières nouvelles, Beau Site a récemment été vendue pour la modique somme de 7 millions d'euros. Une bagatelle.

Adresse 114 boulevard Carnot, 06300 Nice | Transports en commun Bus 15/30/38, arrêt Château-de-l'Anglais ; Bus 30, arrêt Miramar | À savoir C'est au palais Lascaris, dans le Vieux-Nice, que vous pourrez admirer une partie de la collection d'instruments de musique de Gisèle Tissier-Grandpierre, offerte à l'Institut de France. Outre les harpes, vous découvrirez des violons-pochettes, des mandolines…

110_Le West End

Le plus ancien hôtel de la promenade des Anglais

Difficile d'imaginer la promenade des Anglais dépourvue d'hôtels ! Et pourtant, ce n'est qu'au tout début du XIXe siècle que l'avenue vit naître son premier établissement touristique : le West End, aujourd'hui estampillé 4 étoiles. En 1854, l'entrepreneur César Gilly fit l'acquisition du terrain pour construire un établissement de trois étages face à la Méditerranée, qu'il baptisa hôtel Victoria. Un emplacement de choix qui n'était visiblement pas du goût de tous les visiteurs, puisqu'une maison « bien meublée pour recevoir les personnes à la santé délicate qui pourraient être incommodées par le bruit de la mer » fut ajoutée au fond du jardin !

Au fil des années, il connut de nombreuses transformations afin de conserver son statut de résidence d'excellence. À la fin de l'année 1867, il subit un terrible incendie avant d'être remis entièrement en état et baptisé « Hôtel de Rome ». C'est à cette époque qu'un premier ascenseur – appelé « wagon ascensionnel » ! – fut installé. Les publicités vantaient alors sa table d'hôtes, son chauffage central ou encore ses appartements dotés de l'électricité et de salles de bain privées. C'est en 1885 que l'établissement prit son nom actuel.

Mais l'hôtel West End, c'est aussi l'empreinte de nombreuses célébrités tombées sous le charme des lieux lors de leur passage à Nice, comme se souvient Michel, un ancien groom de l'hôtel aujourd'hui âgé de 73 ans. Il garde notamment en mémoire la gentillesse et le sourire du chanteur Luis Mariano. D'autres personnalités ont aussi séjourné dans l'établissement, à l'instar de Fausto Coppi, considéré comme l'un des plus grands coureurs de l'histoire du cyclisme.

En 1979, l'hôtel a failli fermer ses portes et être cédé pour devenir une maison de retraite, mais l'ancien maire de Nice Jacques Médecin s'opposa à la vente. Aujourd'hui, avec ses 121 chambres et suites alliant différents styles, du baroque au moderne, l'hôtel West End fait plus que jamais rayonner ses étoiles sur la Promenade des Anglais.

Adresse 31 promenade des Anglais, 06000 Nice, www.hotel-westend.com | **Transports en commun** Tram 1, arrêt Masséna | **À savoir** Son restaurant Art déco baptisé Le Siècle organise chaque hiver des soirées opéra, durant lesquelles des chanteurs lyriques se glissent dans la peau des serveurs et entonnent les plus beaux airs entre deux plats.

111 Zitto

Un bar à cocktails caché

Nice est largement connue pour ses nombreux bars et restaurants. Mais si vous êtes à la recherche d'un endroit totalement inédit, allez pousser la porte de Zitto, un bar à cocktails caché, comme son nom l'indique ! En effet, *zitto* signifie « silencieux » en italien. La seule chose que l'on sait à son sujet, c'est que le bar a pris ses quartiers du côté du port. Pour y accéder, il faut suivre un véritable jeu de piste sur les réseaux sociaux, où des indices ont été semés. Il ne reste plus qu'à trouver l'adresse de ce *speakeasy* privilégié pouvant accueillir jusqu'à une trentaine de personnes maximum – pour garder son côté intimiste.

Une fois la porte d'entrée passée, c'est un univers feutré et *cosy*, inspiré de l'Italie des années 20, qui se dévoile aux visiteurs. Lumière tamisée, coin salon au décor rétro, banquettes en velours, musique lounge et murs en brique apparente, le Zitto offre une expérience entièrement basée sur les sens : le goût évidemment, mais aussi l'odorat, la vue et l'ouïe…

À la carte, on trouve une belle sélection de cocktails « signature » faits sur mesure par un mixologue professionnel et passionné, qui travaille uniquement avec des alcools premium, locaux de préférence. C'est le cas de la liqueur de caroube venue de la Distillerie de Monaco ou du gin produit par la distillerie QVT de Provence. Les sirops aussi sont faits maison et se déclinent en saveurs surprenantes, allant de l'hibiscus au curry en passant par le pop-corn. Le résultat est sans appel : les cocktails sont étonnants et parfaitement dosés ! Il est aussi possible de déguster des mélanges plus classiques ou sans alcool. Pour les accompagner, le barman propose des assiettes de charcuterie ou d'antipasti.

L'objectif est de siroter son verre tranquillement et surtout de savourer cette parenthèse hors du temps. Le Zitto est le repère idéal pour un tête-à-tête en amoureux ou un verre entre amis. Mais attention à ne pas divulguer le secret…

Adresse C'est un secret ! | Transports en commun Tram 2, arrêt Port-Lympia | Horaires d'ouverture Du jeudi au lundi de 17 h 30 à 00 h 30 | À savoir Le Zitto ne prend pas de réservation ! À vous de trouver l'adresse et de tenter votre chance (www.instagram.com/zittospeakeasy/).

© Gaëlle Simon

Anne Lombardo est amoureuse de sa ville et adore sillonner les rues de Nice pour dénicher de bonnes petites adresses, qu'elle partage sur son blog *Whataboutnice.fr* et sur ses réseaux sociaux. Passionnée de patrimoine et de photographie, elle est aussi responsable marketing dans une agence de communication. À travers ce guide, elle a souhaité mettre en lumière un Nice méconnu et authentique, qui l'émerveille jour après jour.

Je tiens à remercier tout particulièrement Michel Bozzano, « carnavalophile » et amoureux de Nice, qui a été d'un précieux soutien. Merci Michel pour tes idées, tes anecdotes, ton temps, ta bonne humeur… et d'avoir été un guide tout au long de cette aventure ! Merci également à Isabelle Billey-Quéré, responsable du service presse de l'office de tourisme métropolitain Nice Côte d'Azur, pour ces échanges humains et toutes ces belles idées !
Je remercie également José Maria (Maria Nicecollections), Jacqueline Cuvier (auteure de *L'art funéraire à Nice, une histoire remarquable, un patrimoine méconnu,* Fédération des associations du comté de Nice, 2010), Mascha Sosno, Betrand Roussel (directeur des musées d'Archéologie de Nice), Cécile Verdoni (direction des Patrimoines), Sonia Saïd (guide-conférencière du Centre du Patrimoine), Anne de Bottini-Rizzo (chapelle de la Miséricorde), Camille Aubin (rectorat de Nice), Robert Buttigieg (La Mouette et Les Pointus de Nice), Camille Saad (Ville de Nice), Johanne Lindskog (musée Jules-Chéret), Brigitte Camelin (guide OLGA), le père Patrice Veraquin et le père Frédéric Sangès, Gilles Bouis (délégué épiscopal à l'art sacré), Michel Degli Espoti… Merci à tous !
Ce guide n'aurait jamais vu le jour sans les encouragements de ma mère, Colette, qui est, et reste, mon pilier et ma force cachée. Merci maman ! Merci à mes amis et proches d'avoir été là : Laetitia, Delphine, Julie, Audrey, Sophie, Pierre, Maheva, Aurélie, Gaëlle… Merci également à la bibliothèque Louis-Notari de Monaco où j'ai passé mes pauses déjeuner à écrire ce guide.
Et puisque ce projet ne serait jamais né sans mon blog, merci à mes lecteurs et ma communauté pour votre fidélité !
Enfin, merci surtout à ma fille Louise, à qui je dédie ce livre. Tu as été aux premières loges depuis le début de cette aventure. Merci d'être mon moteur au quotidien et d'être celle que tu es. Ne change jamais ! Je t'aime.

Dominique Milherou
111 Lieux à Marseille à ne pas manquer
ISBN 978-3-7408-1968-2

Daniel Moirenc
111 Lieux sur la Côte d'Azur à ne pas manquer
ISBN 978-3-7408-0700-9

Daniel Moirenc
111 Lieux en Provence à ne pas manquer
ISBN 978-3-7408-0699-6

Souhila Rahmi
111 Lieux à Grenoble à ne pas manquer
ISBN 978-3-7408-1483-0

Pascale Chappot
111 Lieux dans le Puy-de-Dôme à ne pas manquer
ISBN 978-3-7408-1852-4

Fleur Borde
111 Lieux à Bordeaux à ne pas manquer
ISBN 978-3-7408-1290-4

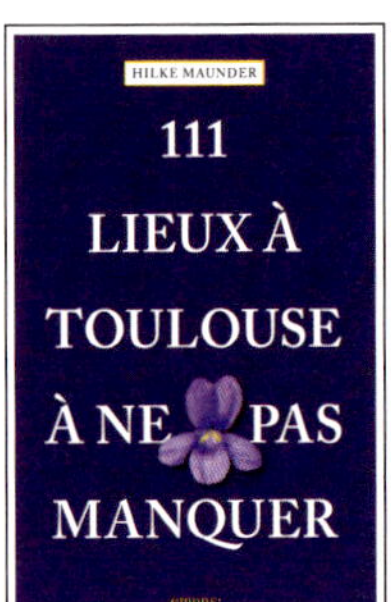

Hilke Mauder
111 Lieux à Toulouse à ne pas manquer
ISBN 978-3-7408-1055-9

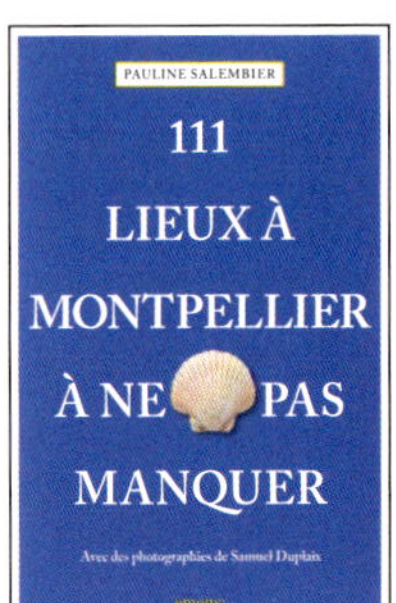

Pauline Salembier
111 Lieux à Montpellier à ne pas manquer
ISBN 978-3-7408-1292-8

Kay Walter
111 Lieux le long du canal du Midi à ne pas manquer
ISBN 978-3-7408-1054-2

Evelyn Pschak von Rebay
111 Lieux dans les Pyrénées
à ne pas manquer
ISBN 978-3-7408-0809-9

Sybil Canac, Renée Grimaud,
Katia Thomas
111 Lieux à Paris
à ne pas manquer
ISBN 978-3-7408-0697-2

Irène Lassus-Fuchs
111 Goûts à Paris
à ne pas manquer
ISBN 978-3-7408-0713-9

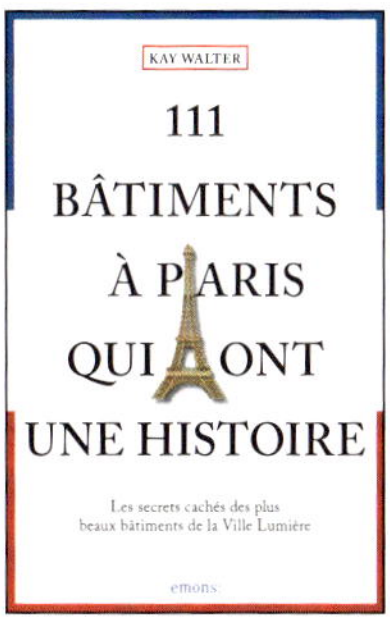

Kay Walter
111 Bâtiments à Paris
qui ont une histoire
ISBN 978-3-7408-1025-2

Anne Carminati,
James Wesolowski
111 Musées à Paris
à ne pas manquer
ISBN 978-3-7408-1048-1

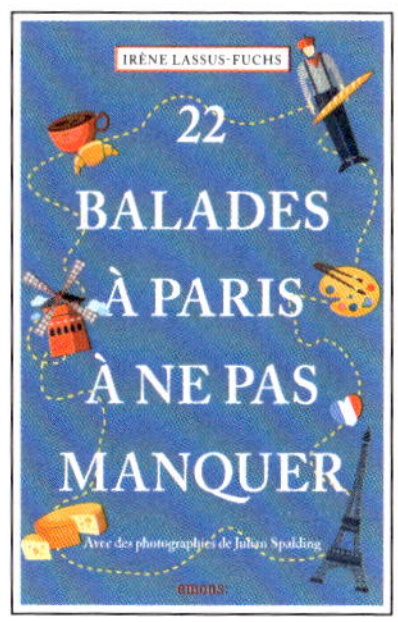

Irène Lassus-Fuchs
22 Balades à Paris
à ne pas manquer
ISBN 978-3-7408-1490-8

Nathalie Zaouati
111 Lieux autour de Paris
#à ne pas manquer
ISBN 978-3-7408-1408-3

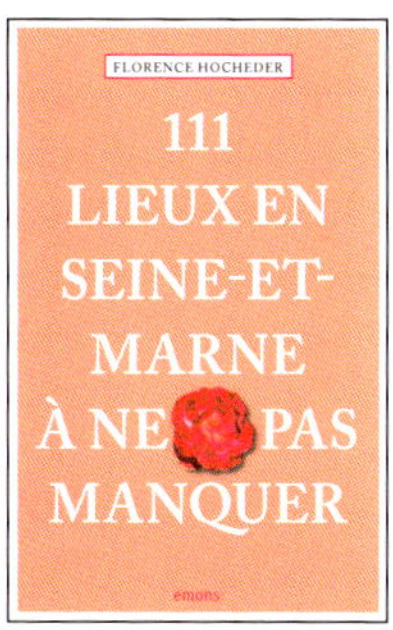

Florence Hocheder
111 Lieux en Seine-et-Marne
à ne pas manquer
ISBN 978-3-7408-1050-4

Jean-Christophe Collet
111 Lieux à Rennes
à ne pas manquer
ISBN 978-3-7408-1021-4

Jean-Christophe Collet
**111 Lieux à Saint-Malo
à ne pas manquer**
ISBN 978-3-7408-1571-4

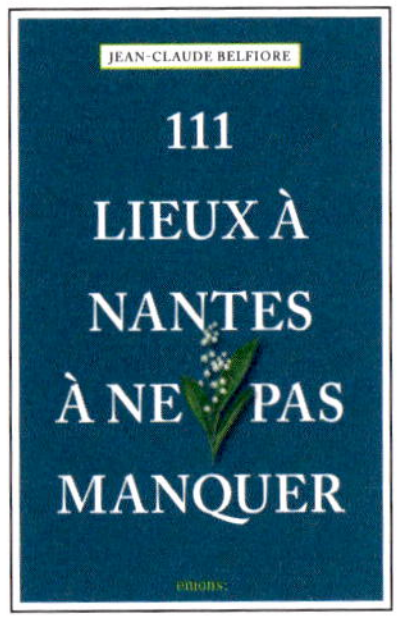

Jean-Claude Belfiore
**111 Lieux à Nantes
à ne pas manquer**
ISBN 978-3-7408-1052-8

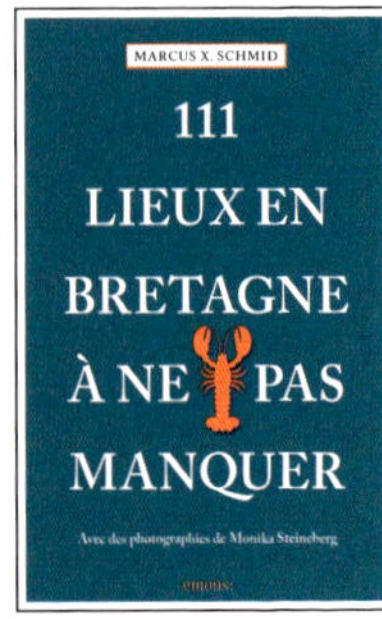

Marcus X Schmid
**111 Lieux en Bretagne
à ne pas manquer**
ISBN 978-3-7408-0821-1

Aurore et Edward Lépy
**111 Lieux en Loire-Atlantique
à ne pas manquer**
ISBN 978-3-7408-1409-0

Nicolas Barrault-Baudy
**111 Lieux en Charente-
Maritime à ne pas manquer**
ISBN 978-3-7408-1899-9

Emmy Alexandre
**111 Lieux en Touraine
à ne pas manquer**
ISBN 978-3-7408-1875-3

Lucie Spileers
**111 Lieux à Lille
à ne pas manquer**
ISBN 978-3-7408-1228-7

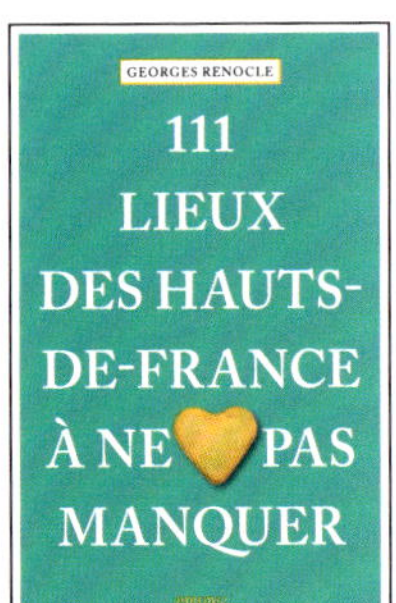

Georges Renocle
**111 Lieux des Hauts-de-France
à ne pas manquer**
ISBN 978-3-7408-1474-8

Sandrine Blanquart
**111 Lieux le long de la Côte
d'Opale à ne pas manquer**
ISBN 978-3-7408-1460-1

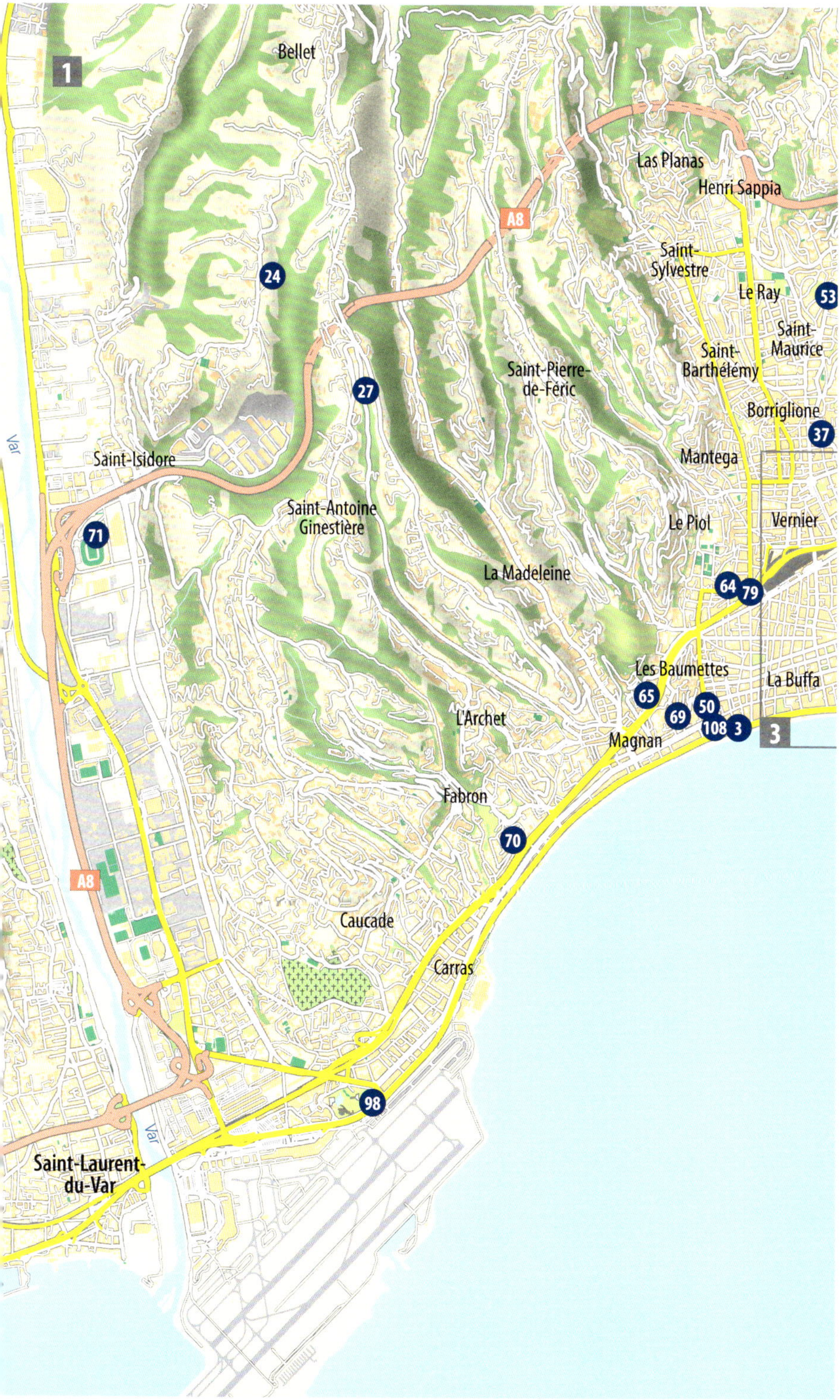
1
Bellet
Las Planas
Henri Sappia
A8
Saint-Sylvestre
24
Le Ray
53
Saint-Maurice
Saint-Barthélémy
Saint-Pierre-de-Féric
27
Borriglione
37
Mantega
Var
Saint-Isidore
Saint-Antoine Ginestière
Le Piol
Vernier
71
La Madeleine
64
79
Les Baumettes
65
La Buffa
50
69
108
3
L'Archet
Magnan
3
Fabron
70
A8
Caucade
Carras
98
Var
Saint-Laurent-du-Var

La Trinité
2
L'Ariane
106
Paillon
A8
Rimiez
75
46
1
5
92
7
51
30
36
La Condamine
Cimiez
Les Quatre
Chemins
4
Beaulieu-
sur-Mer
Villefranche-
sur-Mer
Carabacel
NICE
96
47
109
18
Saint-Jean-
Cap-Ferrat
N
0
500 m

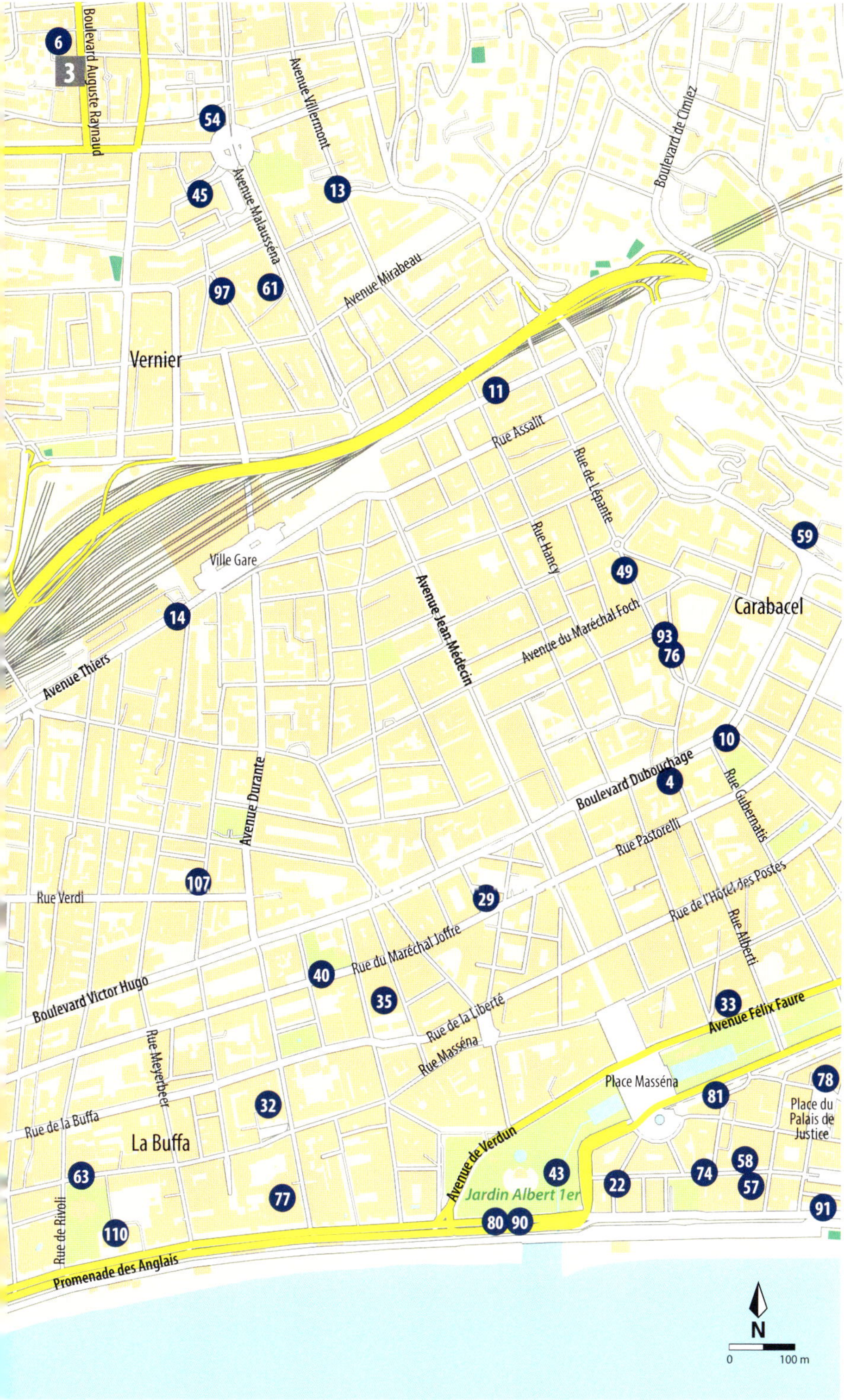

3
Boulevard Auguste Raynaud
Avenue Villermont
Avenue Malausséna
Avenue Mirabeau
Boulevard de Cimiez
Vernier
Rue Assalit
Rue de Lépante
Rue Hancy
Ville Gare
Avenue Jean Médecin
Avenue du Maréchal Foch
Carabacel
Avenue Thiers
Boulevard Dubouchage
Avenue Durante
Rue Gubernatis
Rue Pastorelli
Rue de l'Hôtel des Postes
Rue Verdi
Rue Alberti
Rue du Maréchal Joffre
Boulevard Victor Hugo
Rue de la Liberté
Rue Masséna
Avenue Félix Faure
Rue Meyerbeer
Place Masséna
Place du Palais de Justice
Rue de la Buffa
La Buffa
Avenue de Verdun
Jardin Albert 1er
Rue de Rivoli
Promenade des Anglais
N
0
100 m

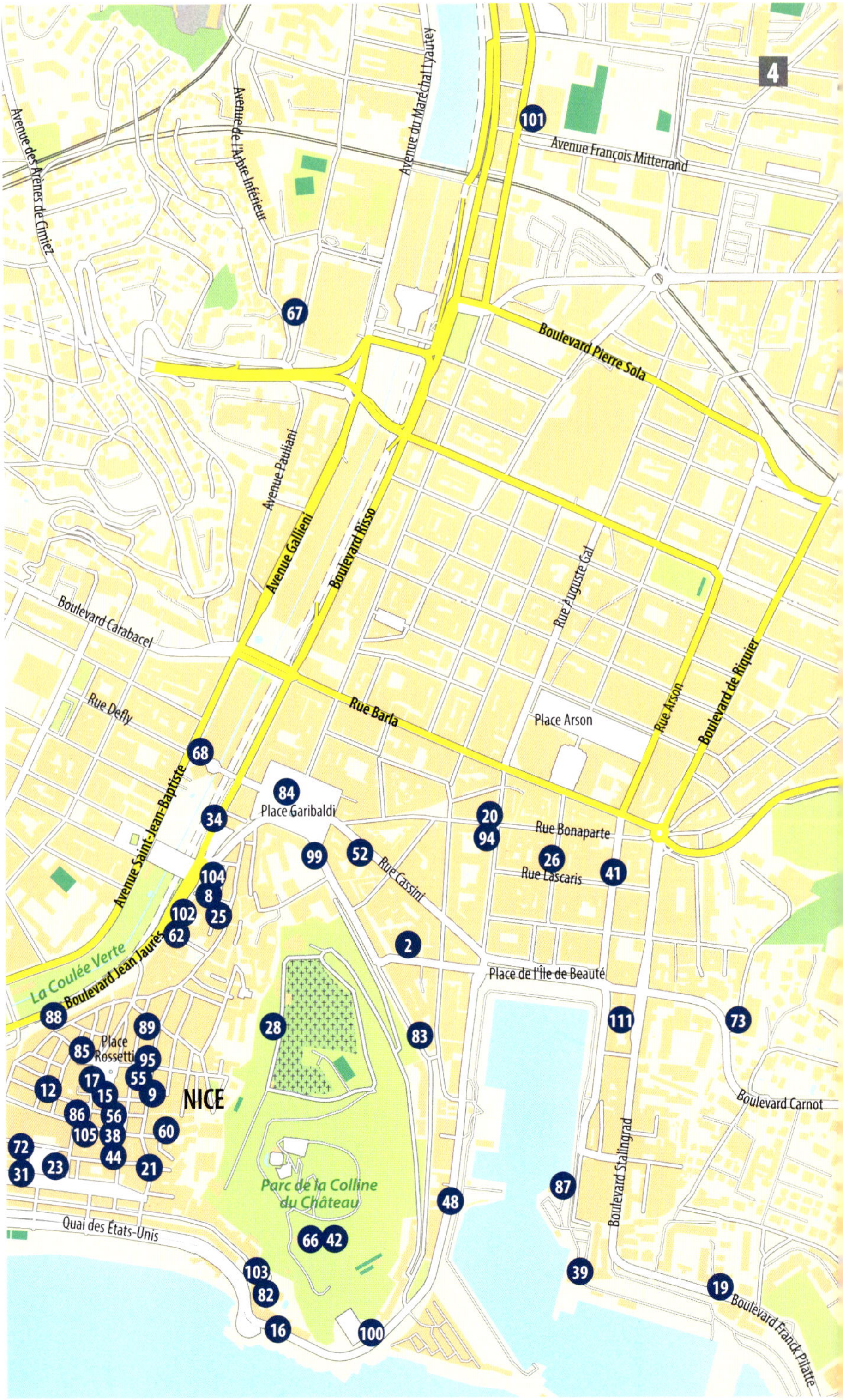
4
Avenue des Arènes de Cimiez
Avenue de l'Arbre Inférieur
Avenue du Maréchal Lyautey
Avenue François Mitterrand
Boulevard Pierre Sola
Avenue Pauliani
Avenue Gallieni
Boulevard Risso
Boulevard Carabacel
Rue Defly
Rue Auguste Gal
Rue Barla
Place Arson
Rue Arson
Boulevard de Riquier
Avenue Saint-Jean-Baptiste
Place Garibaldi
Rue Bonaparte
Rue Lascaris
Rue Cassini
La Coulée Verte
Boulevard Jean Jaurès
Place de l'Île de Beauté
Place Rossetti
NICE
Boulevard Carnot
Boulevard Stalingrad
Parc de la Colline du Château
Quai des États-Unis
Boulevard Franck Pilatte
101
67
68
84
34
20
94
26
41
99
52
104
8
102
25
62
2
88
89
28
83
111
73
85
95
17
55
12
15
9
86
56
60
105
38
72
23
44
21
31
87
48
66
42
103
82
39
19
16
100